Natalie Lumpp

Weinland Baden-Württemberg

An dieser Stelle möchte ich meinen großen Dank an Werner Frasch zum Ausdruck bringen. Mit einer Engelsgeduld war er immer wieder bereit auf meine Texte zu schauen. Und wer mich kennt weiß, dass ich am liebsten am Wochenende oder in der Nacht alles per Mail schicke, und dann auch noch ungeduldig auf Rückmeldung bin. Herzlichen Dank!
Natalie Lumpp

Natalie Lumpp

Weinland

Baden-Württemberg

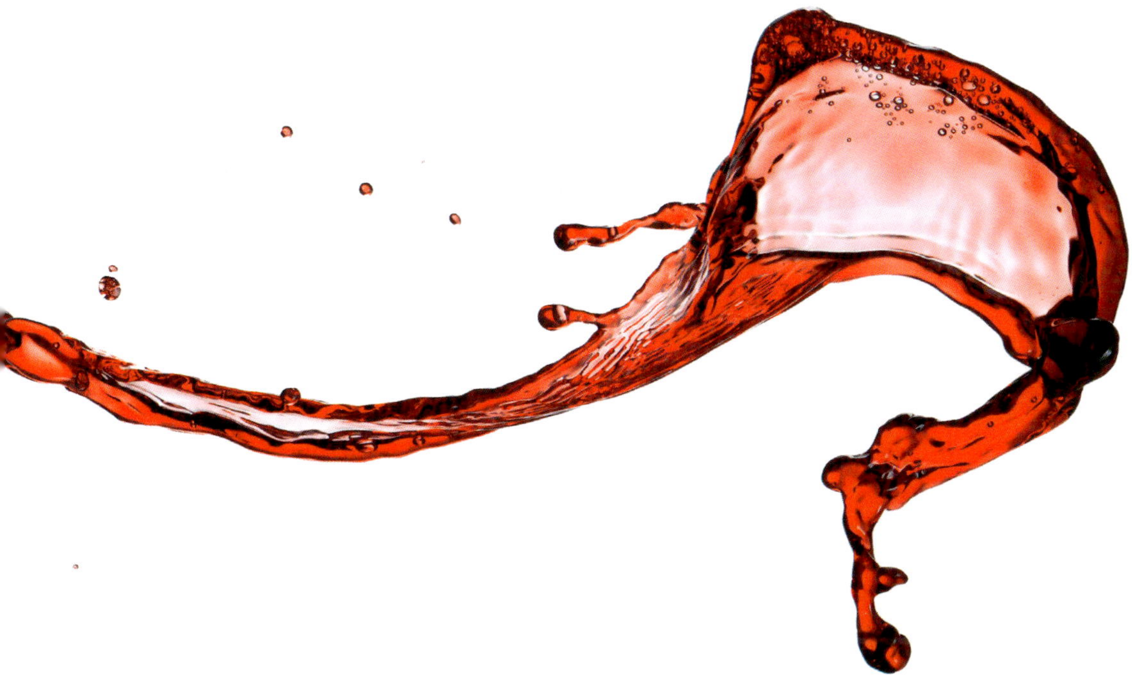

belser

»Das Leben ist viel zu kurz um schlechten Wein zu trinken.«
Johann Wolfgang von Goethe

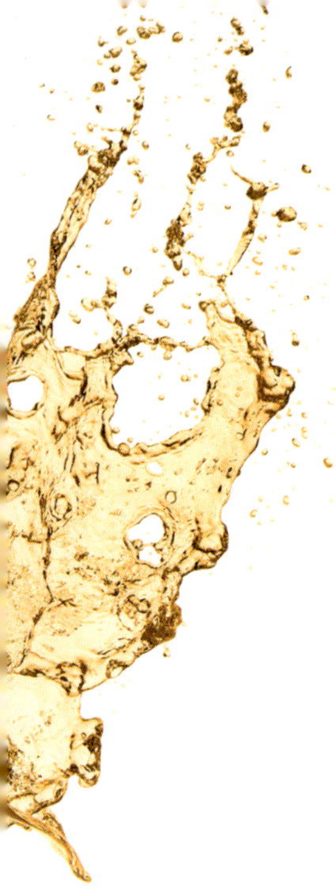

Liebe Leserinnen und Leser, liebe Genießer und Genießerinnen,

Wein ist ein Geschenk der Götter, und die haben das Ländle wohl besonders im Fokus gehabt. Schon den Römern gaben sie die ersten Rebstöcke mit, damit sie sie an den steilen Hängen des Neckartals kultivieren. Sie verwöhnten den Südwesten zudem mit bestens geeigneten Weinbauflächen und einem Klima, in dem prächtige Weintrauben typischer Sorten wachsen. Diese werden von Winzern und Wengertern, die immer qualitätsbewusster und raffinierter agieren, zu fantastischen Weinen ausgebaut.

Die Landeshauptstadt gar ist die größte Weinbaugemeinde in Deutschland. Wo sonst reichen die Weinberge in einer Großstadt bis zum Hauptbahnhof? „Dieser statt einkommen und nahrung ist allein der weinwachs.“ So begründeten 1607 Vertreter Stuttgarts vor dem Landtag ihre Forderung, die Herrschaft möge die Rahmenbedingungen für die Weinwirtschaft verbessern. Das blieb über mehr als 400 Jahre so. Die einfachen, schnell verderblichen Weine wurden immer wohlschmeckender. In den 1980er-Jahren dann kehrte man der Maxime „Menge ist besser“ den Rücken und setzte mehr und mehr auf Ertragsreduzierung in maximalen Qualitäten.

Das Gleiche passierte in Baden. Der Minnesänger Osswald von Wolkenstein, ein Star seiner Zeit, klagte über den Überlinger Seewein 1431, dass dieses „ungepflegte Nass“ ihm ein „böses Unwohlsein“ verschafft habe. Er schreibt weiter: „seine Säure lässt mein Blut gerinnen“. Zeitweise wurde so viel Seewein produziert, dass man damit den Mörtel zum Bau der Häuser anmachte. Auch hier hat sich seither vieles zum Besten gewandelt. 2017 baute man den „Besten Wein der Welt“ aus (2015 Chardonnay Goldbach, Weingut Kress). Wenn das keine tolle Entwicklung ist. Mittlerweile spielen die Winzer und Wengerter Badens und Württembergs mit ihren hervorragenden Weinen weltweit an der Spitze mit.

Kurze Korrektur: So ganz genau wissen wir eigentlich nicht, ob die Römer ihren eigenen Wein mitbrachten oder ob sie ihn hier tatsächlich anbauten. Egal. Geschichte ist zwar wichtig, was uns aber vornehmlich interessiert sind die Weine, die heute an- und ausgebaut werden. Und die sind einfach eine Klasse für sich. Tropfen für Tropfen spiegeln sie die Charakteristik der einzelnen Weinregionen in Baden und Württemberg wider. Der Gutedel im Markgräflerland, der Spätburgunder am Kaiserstuhl, der Lemberger in Württemberg und die Weißweine, namentlich der Müller-Thurgau vom Bodensee – überall bringen diese herrlichen Tropfen ein Stück jahrhundertealter regionaler Weinbaukultur mit, veredelt mit dem

Wissen aus vielen Vinator-Generationen. Das zieht sich durch alle Weinqualitäten, vom einfachen Qualitätswein in der Literflasche bis zum im Barriquefass ausgebauten Spitzenprodukt.

Deutschlands beste und bekannteste Sommelière, Natalie Lumpp, versteht es auf ihre fröhliche, unkomplizierte Art, die Weine des Ländles zu erklären und sowohl zum Genuss als auch durch das Genusserlebnis zu führen. Seit Jahren schreibt sie in jeder Ausgabe der Zeitschrift „Mein Ländle – Die schönsten Seiten Baden-Württembergs" ihre unnachahmliche Weinkolumne. So lag es nahe, diese Früchte einmal zu ernten, in ein Buch zu bringen und in der „Mein Ländle-Edition" zusammenzufassen. Sie wurden mit Wissenshefe ergänzt und ganz langsam noch einmal durchgegoren. Redakteur Dirk Zimmermann hat immer wieder einmal mit mir zusammen gekostet und mit Natalie Lumpp die Reifeerlebnisse probiert. Nach der Gärung wurde das Ergebnis zwischen zwei Buchdeckel abgefüllt und von unserem Grafiker Jörg Batschi stilgerecht etikettiert. Was Sie nun in Händen halten, ist eine wahre Auslese an baden-württembergischem Weinwissen, ein veredeltes vinales Prädikatsprodukt, das Ihnen die Weine, die Weinregionen und vor allem den Weingenuss im Ländle näherbringt. Es ist kein trockenes Erlebnis, sondern ein leicht alkoholisches, zuckerhaltiges Lesevergnügen – keineswegs feinherb.

Wohl bekomm's

Wulf Wager
Verleger „Mein Ländle"

Weinland Baden-Württemberg!

Bei meinen Weinproben stelle ich mich zu Beginn immer als gebürtige „Baden-Württembergerin" vor. In Württemberg begegnet mir dann öfter ein Schmunzeln, denn bei manchen Begriffen lässt sich nicht leugnen, dass ich aus Südbaden stamme. Können Sie sich noch an die frühere Kampagne „Wir können alles außer Hochdeutsch" erinnern? Vor zwanzig Jahren hatte ich die große Ehre, dass ich bei der Kampagne mitwirken durfte. Damals wurde mir aber auch bewusst, wie weit auseinander Baden und Württemberg nach so vielen Jahren Vereinigung leider immer noch sind. Da gibt es die einen oder anderen Animositäten – der Badener traut dem Württemberger das Genießen nicht so richtig zu. Der Württemberger sagt vielleicht, dass der Badener zu satt sei usw. Auf alle Fälle habe ich mir seither auf die Fahne geschrieben „Baden und Württemberg" stärker zusammenzubringen – und sogar am liebsten als eine Einheit zu sehen.

Es war schon immer so: Gemeinsam ist man stark! Jeder profitiert, wenn man zusammenarbeitet. Weintechnisch war es interessant, dass die Badener-Württemberger die ersten trockenen Weine ausbauten, wobei Baden in den 1980er-Jahren Vorreiterstellung besaß. Ich kann mich noch sehr gut an den großartigen 1990er-Jahrgang erinnern – da gab es die ersten richtig exzellenten Spätburgunder. In Württemberg hingegen war es eine große Bereicherung, als sich 1986 sechs Weingüter zur HADES-Gruppe zusammenschlossen. Bis dahin arbeitete sowieso jeder für sich, und die Kollegen waren eher als Konkurrenz gefürchtet. Die weitsichtig zusammenarbeitenden Winzer hatten auch die tolle Idee, aus ihren Anfangsbuchstaben den mythologischen Namen HADES zu schaffen: H = Fürst zu Hohenlohe, A = Graf Adelmann, D = Drautz-Able, E = Ellwanger, S = Sonnenhof und Staatsweingut Weinsberg. Ihre Vision war es, gemeinsam den Ausbau in kleinen Eichenholzfässern voranzutreiben. Es ist ihnen gelungen – später entstand nach ihrem Vorbild das Deutsche-Barrique Forum.

Heute steht Württemberg für großartige Rotweine. Lemberger wird sich bestimmt in den nächsten Jahren als absoluter Publikumsliebling etablieren. Die Lemberger der Württemberger werden als Vorbild für ganz Deutschland gesehen. Syrah, Merlot und Cabernet Sauvignon können sie mit dem heutigen warmen Klima richtig gut. Aber auch im Bereich der Spätburgunder hat Württemberg seine Hausaufgaben bestens erledigt.

Baden hat sich vor allem mit seinen Burgunderweinen einen großen Namen gemacht. Weiß-, Grau- und Spätburgunder finden Sie dort in allerhöchster Güte. Der Chardonnay gewinnt immer mehr an Bedeutung. In den Weinregionen Kraichgau und Badische Bergstraße sorgen sie mit ihren floralen, schlanken, sehr feinen Auxerrois für mehr und mehr Furore.

In Baden-Württemberg entstehen immer wieder Zusammenschlüsse von verschiedenen Winzern – eben nach dem Motto „Gemeinsam sind wir stark“. Bei den Genossenschaften finden immer mehr Fusionen statt. Ich habe gesehen, dass das badische Laufen und das württembergische Lauffen schon einmal für ein Projekt zusammengerückt sind. Wer weiß, vielleicht gibt es demnächst in Sachen Wein auch zwischen Baden und Württemberg eine Hochzeit? Ich hoffe, dass ich mit meinem Buch dazu beitragen kann, damit die beiden noch mehr zusammenwachsen.

Viel Vergnügen und mit einem herzlichen Prosit

Ihre Natalie Lumpp

Inhalt

Land und Leute

Weinregion Baden-Württemberg 14
- Baden und seine Weinbaugebiete 16
- Württemberg und seine Weinbaugebiete 23

Württemberg versus Baden?! 31
Junge Wilde – Tradition ohne Fortschritt ist der Tod! 38
Orte-NOW – Es rockt in Baden! 41
Steillagen – Gibt es sie in der Zukunft noch? 46
Unterschätze Genossenschaften! 48
Rettet die Reben – Mehr als nur ein Herzensprojekt! 51
Winzerinnen und Weinhoheiten – Nicht zu unterschätzen! 54
Weinerlebnis-Führer in Baden-Württemberg 57

Legen Sie los: Genuss pur!

Sekt oder Champagner? Eine prickelnde Entscheidung 64
Weinmixgetränke – Jung, spritzig, kreativ mit wenig Alkohol 70
Rosé – Ungebrochener Trend seit über 10 Jahren 80
Orangewine, die neue Weinfarbe – Zurück zu den Wurzeln 83
Naturwein – Markant und eigenwillig 85
Cuvées – Tatsächlich die Königsklasse? 87
Grill & Wine – Eine heiße Sache 92
Dessertweine – Muss denn Süßes Sünde sein? 95
Wein & Schokolade – Göttliche Verbindung 98
Gutedel und Trollinger – Ein Hoch auf die leichten Weine! 102
Federweißer – Herbstlicher Genuss 106
Glühwein – Wärmender Winterzauber 108
Glühweinrezepte 110

Das perfekte Weinerlebnis

Blumige Weinsprache – Alles nur Fantasie? 116
Wasser & Wein – Ein verrücktes Paar 121
Wein einkaufen – Das sollten Sie beachten 125
„Terroiristen" – Kleine Bodenkunde für Einsteiger 128
Weinduell – Biowein versus konventioneller Weinbau 134
Klimawandel – Bleibt die 1a-Lage? 138
Weinlagerung – Sie wird häufig unterschätzt 140
Richtig temperiert – Eine Grad-Frage 143
Weingläser – Wie viele Sorten sind sinnvoll? 146
Verschlüsse – Ein „Ja" für Drehverschlüsse! 152
Weinetiketten – Das Auge entscheidet mit 156

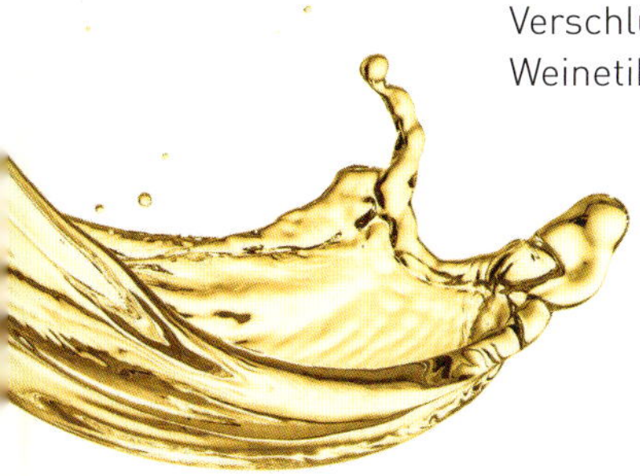

Land und Leute

Weinregion
Baden-Württemberg

Gleich zu Beginn der Arbeit an diesem Buch haben wir überlegt, ob man im Buchtitel die Region mit Bindestrich schreibt – oder ob es nicht besser „Baden und Württemberg“ heißen sollte. Ein Berliner oder Hamburger würde die Diskussion nicht verstehen, dort denkt man selbstverständlich an eine einzige Weinregion im Südwesten.

Weine aus Baden-Württemberg kommen nämlich aus einem Gebiet, das sich aus höchst unterschiedlichen Territorien zusammensetzt: den einstmals selbstständigen Ländern Baden, Württemberg-Baden und Württemberg-Hohenzollern mit ihrer je eigenen Geschichte. Zum Zeitpunkt seiner Gründung 1952 – übrigens auf der Grundlage der einzigen bundesweiten Volksabstimmung – trug es noch nicht einmal seinen heutigen Namen. Manches von der einstigen Eigenständigkeit hat sich bis heute erhalten. Das wird beispielsweise an der Organisation der Weinbauverbände deutlich. Es gibt nämlich einen Badischen Weinbauverband mit Sitz in Freiburg und ein württembergisches Pendant dazu in Weinsberg.

So haben Baden und Württemberg auch noch unterschiedliche Slogans: „Badischer Wein – von der Sonne verwöhnt“ bzw. „Kenner trinken Württemberger“, der seit einige Jahren durch „Wein. Heimat. Württemberg“ ersetzt wurde.

Wohl wissend, dass das nur eine sehr grobe Einteilung ist. Wer tiefer einsteigt, wird bald feststellen, dass es innerhalb dieser „Großregionen“ noch eine ganze Reihe kleinerer Anbaugebiete gibt, die sich alle durch ihre Besonderheiten auszeichnen.

Mit knapp 16 000 Hektar Rebfläche gehört das Weinbaugebiet Baden nach Rheinhessen und der Pfalz zu den größten Anbaugebieten in Deutschland. Es erstreckt sich mit einer Länge von 400 Kilometern im Süden vom Bodensee entlang der Oberrheinischen Tiefebene über die Badische Bergstraße und das Kraichgau bis Tauberfranken im nordöstlichen Landesteil. Das Weinbaugebiet Württemberg verfügt dagegen lediglich über eine Anbaufläche von etwas mehr als 11 000 Hektar. Es hat einen Anteil am Bodenseegebiet und setzt sich dann, nach einer Unterbrechung nördlich des Steilabfalls der Schwäbischen Alb, bei Reutlingen und Metzingen fort. Von

Spektakulärer Blick über die Terrassenlagen von der Käsbergkanzel in Mundelsheim

Esslingen führt es über Bad Cannstatt und Stuttgart weiter ins Remstal und in das württembergische Unterland rund um Heilbronn, bis es im Norden im Taubergrund und fränkischen Grenzgebiet endet.

Gerne möchte ich Ihnen nun die einzelnen Anbaugebiete und ihre innovativsten Weinproduzenten vorstellen, indem ich die Eindrücke schildere, die ich bei vielen Besuchen der Weingüter, bei Weinverkostungen und beim Meinungsaustausch mit Weinliebhabern gewonnen habe. Gehen Sie mit mir auf eine Tour durch die Weinberge und Weinkeller im Südwesten und lassen Sie sich zu einer eigenen Entdeckungsreise inspirieren! Sie werden überrascht sein, welche genussreichen Kreationen Ihnen dabei kredenzt werden.

Baden und seine Weinbaugebiete

Bodensee – Wein trinken an seinen Gestaden und himmlischen Urlaub genießen

Die touristisch wunderschöne Region ganz im Süden Deutschlands ist „weinbaumäßig" ein interessanter Sonderfall. So gehört ein Teil der Weinregion zu Baden, ein Teil zu Württemberg, ein Teil zu Bayern und natürlich auch einer zur Schweiz. Unterschiedliche Charaktere treffen aufeinander: bedächtige Schweizer, innovative Badener und der Tradition sehr verhaftete Württemberger. Für den Weinanbau ist das kein Nachteil!

Die Weinberge sind für deutsche Verhältnisse teilweise extrem hoch gelegen – auf 400 bis 500 Meter Höhe. Lange hat mich beschäftigt, warum man just dort Rotwein anbaut. Ich habe es herausgefunden: Der See wirkt wie ein Spiegel, er reflektiert die Sonnenstrahlen in die Rebberge. So bekommen auch die Rotweine Jahr für Jahr ihre optimale Traubenreife.

Wunderschöne Lage: Birnauer Kirchhalde im Besitz des Markgrafen von Baden

Wer in den letzten Jahren für Müller-Thurgau wenig Begeisterung empfand, wird überrascht sein. Auf den einzigartigen Moränenschotterböden bekommen die Müller-Thurgau-Weine einen ganz speziellen floralen Geschmack. Rosé und Weißburgunder passen perfekt zur Fischspezialität Egli. Unbedingt ausprobieren sollten Sie das Weingut Aufricht in Meersburg, Kress in Überlingen und das Staatsweingut Meersburg.

Markgräflerland – die Traditionalisten

Die Region südlich von Freiburg bis zur Schweizer Grenze spiegelt wirklich ganz und gar das Alemannische wider. Ich mag den Dialekt sehr, er ist ein bissl vom Schweizer „Singsang" durchzogen. Die Menschen lieben dort vor allem ihre Tradition. Die Küche ist herrlich bodenständig und exquisit – kein Wunder, dass im Markgräflerland jede Menge Schweizer und auch französische Gäste anzutreffen sind.

Bei guter Küche dürfen natürlich die hervorragenden Weine nicht fehlen, ganz vorneweg die Spezialität „Gutedel“. In der benachbarten Schweiz findet man ihn unter den Synonymen „Fendant“ oder „Chasselas“. Letzteres gilt auch für Frankreich. In den vergangenen Jahren haben die Winzer mehr die Burgundersorten für sich entdeckt. Ob Weiß-, Grau- oder Spätburgunder – auf den tonhaltigen Lehmböden finden sie ideale Bedingungen.

Wenn ich an das Markgräflerland denke, kommt mir sofort Hanspeter Ziereisen in Efringen-Kirchen in den Sinn. Für mich ist er das Paradebeispiel eines bodenständigen, geradezu originalen Weinbauern (bitte positiv verstehen!). Seine Weine sind „back to the roots“ – er will keine Mainstream-Weine, sondern Weine mit Komplexität und Langlebigkeit, die wirklich ganz und gar die Region widerspiegeln. Die gesamte Familie arbeitet im Betrieb mit, und auch ihr Hofladen wird weithin geschätzt. Dort können Sie selbstangebautes Gemüse und ein wunderbares Holzofenbrot erwerben.

Zu den Topbetrieben gehören unbedingt auch Weingüter wie Heinemann in Scherzingen, Rainer Schlumberger und Schlumberger-Bernhart in Sulzburg-Laufen, die beiden Brüder Fritz und Martin Waßmer mit ihren Weingütern in Bad Krozingen-Schlatt, Dörflinger in Müllheim, Zotz in Heitersheim, Schneider in Weil am Rhein … oder auch sehr gute Winzergenossenschaften wie Pfaffenweiler und Britzingen.

Verpönte Franzosenrebe

Sauvignon blanc

Kennen Sie ein Synonym für Sauvignon blanc? Muscat-Silvaner wurde er früher genannt, und er war bis zum Zweiten Weltkrieg beliebt in Pfaffenweiler. Weil man um die französische Herkunft wusste, wurden die Reben nach dem Krieg einer Zwangsrodung unterworfen. Heute bauen sie in Pfaffenweiler wieder mit Begeisterung Sauvignon blanc an.

Wärmste Weinregion in Deutschland: der Kaiserstuhl –
die flurbereinigten Terrassen sind gut zu sehen

Breisgau – klein, aber oho!

Das Breisgau fiel früher den wenigsten spontan ein, wenn sie nach einer Weinregion in Baden gefragt wurden. Selbst in Baden dachte man als Erstes an die aus einer deutschlandweiten Fernsehserie bekannte „Schwarzwaldklinik“ und dann an den größten Weinbaubetrieb – den badischen Winzerkeller. Mittlerweile werden die dortigen Weinbaubetriebe auch außerhalb der Region hochgeschätzt. Das Weingut Huber in Malterdingen wird dabei gerne als Erstes genannt – vor allem wenn es um die besten Spätburgunder der Republik geht. Das Weingut Wöhrle in Lahr gehört zu den besten Erzeugern ökologischer Weine. Die Böden sind in der Region mehr vom Kalk geprägt – wie im Ursprungsland der Burgundersorten, dem französischen Burgund.

Nach dem Motto „Gemeinsam ist man stark“ haben sich die Winzer vor wenigen Jahren unter dem Namen „13 Breisgauer Weingüter“ zusammengeschlossen. Aufmerksam machen sie auf sich nicht nur durch ihre exquisiten Weine, sondern von Zeit zu Zeit auch durch ihre außergewöhnlichen gemeinsamen Events: www.13breisgauer.de.

Tuniberg – unter den Kleinen ganz groß

Oft wird der Tuniberg südlich des Kaiserstuhls in einem Atemzug mit Letzterem genannt. Dabei unterscheiden sich die Weine aus beiden Gebieten schon aufgrund der Böden – Tuniberg hat vor allem Kalkstein und Lößauflage vom Kaiserstuhl. Ideale Bedingungen für geschliffene und fruchtige Spätburgunder. Herrlich urig genießen lässt es sich in den schönen Straußenwirtschaften, wie bei Gretzmeier in Merdingen. Im gleichen Ort lassen sich große Rotweine beim Weingut Kalkbödele erwerben oder beim Weingut Hunn in Gottenheim.

Kaiserstuhl – Burgunderweine von hoher Güte

Jeder, der sich näher mit den Weinen der Region befasst, weiß: Baden ist das „Burgunderland". Zum einen findet man hier die höchsten Temperaturen in Deutschland. Und wirklich: an einem normalen Sommerabend reichen die Temperaturen fast an die 30 Grad heran und die Luft fühlt sich regelrecht etwas dicker an – wie im nach Süden gelegenen Burgund, mit dem die Region durch die „burgundische Pforte" verbunden ist. Zum anderen geben die Vulkanböden den Burgundersorten Tiefe und Kraft. Die Lössböden hingegen sorgen für Eleganz.

Die größte badische Weinbauregion verfügt über zahlreiche Spitzenweingüter wie Dr. Heger, Salwey, Franz Keller, Johner, Bercher, Schätzle, Schneider und viele andere. Durch die Nähe zu Frankreich hatte man hier schon früh andere Vorstellungen vom Wein. So begann am Kaiserstuhl in den 1980er-Jahren die Revolution hin zu trockenen Weinen. Wein wird in dieser Region vorzugsweise als Essensbegleiter gesehen.

Ortenau – Riesling par excellence

Baden genießt weithin einen Topruf als „Burgunderland", allerdings bestätigen Ausnahmen die Regel – so wachsen in der Ortenau die besten Rieslinge Badens. Überhaupt finden Sie hier neben sehr guten Spätburgundern ganz außergewöhnlich fruchtige Weißweine.

Die Region reicht von Gengenbach bis Baden-Baden mit seinem Rebland. Die Rebflächen liegen zu Füßen des Schwarzwaldes. Kühlere Temperaturen und auch etwas mehr Niederschlag haben einen positiven Einfluss auf die Rieslingtrauben.

Ich empfehle Ihnen, nicht nur des Weines wegen nach Durbach zu fahren. Der Weingenuss wird durch die herrliche Gegend, in der die Trauben wachsen, noch verstärkt. Es ist gerade so, also ob die landschaftliche Schönheit auf den Charakter des Weines „abfärbt". Spektakulär ist die Aussicht in Durbach! Der Staufenberg wirkt wie gemalt. Wenn Sie von der Terrasse des Schlosses Staufenberg hinunterschauen, haben Sie eine traumhafte Sicht über die Rheinebene. Wohin Ihr Blick auch schweift: Überall sehen Sie weite Rebflächen, auf denen die Weingüter seit Generationen den Weinbau kultivieren. In Durbach reihen sich viele Topbetriebe aneinander, etwa die Brüder Laible, Markgraf von Baden, Danner und die beiden Männles.

Kraichgau – Weiße Burgunderweine zum Niederknien

Die größere Überregion Kraichgau – Badische Bergstraße wurde 1997 in die Regionen Kraichgau und Badische Bergstraße unterteilt. Der Kraichgau zieht sich von Karlsruhe bis Dielheim, das kurz vor den Toren von Heidelberg liegt. Diese Weinregion grenzt an manchen Stellen an Württemberg. Das Weingut GravinO in Kürnbach hat beispielsweise sowohl in Baden als auch in Württemberg Weinberge. Bürokratisch ist das leider ein riesiger Aufwand.

Generell herrscht gegenwärtig viel Dynamik in der Region. In den eingesessenen Weingütern wie Becker und Hummel in Malsch hat die junge Generation das Ruder übernommen. Daneben etablieren sich junge Weingüter wie Adrian Zimmer und das Weingut Bosch. Gemeinsam setzen sie auf die weißen Burgundersorten, die hier mit großer Eleganz und moderatem Alkoholgehalt sehr überzeugend sind!

Kürnbach und Oberderdingen

Wein aus Baden **und** Württemberg

Es ist nicht ganz einfach, Wein aus beiden Regionen anzubieten – davon können das Weingut GravinO von Jochen Grahm in Kürnbach und das Weingut Lutz in Oberderdingen ein Lied singen. Es benötigt alleine schon viel mehr Aufwand für die Formalitäten, um beiden Weinregionen gerecht zu werden. Außerdem sind Baden und Württemberg in zwei unterschiedliche Weinbauzonen klassifiziert, die europaweit geregelt sind. Baden gehört als einzige deutsche Weinregion in die Zone B. Zone A steht für die kühlsten Weinbauregionen.

Aber nun zu den beiden Orten. Eine Begradigung der Flurgrenzen zwischen dem schwäbischen Oberderdingen und dem badischen Nachbarort Kürnbach sorgte dafür, dass aus zwei badischen Weinbergen württembergische wurden. Das sympathische Weingut GravinO in Kürnbach kann mit seinen Erfahrungen locker einen ganzen Abend bestreiten.

Ein Novum stellt der Wein „Grenzgänger" vom Weingut GravinO dar – eine Cuvée von roten Trauben aus Baden und Württemberg. Manuel Lutz vom gleichnamigen Weingut hingegen schwärmt von den Württemberger Keuperböden für seine Rotweine, wie Lemberger. Auf der badischen Seite baut er seine wunderbaren Weißweine an.

International beliebter Touristik-Hot Spot: Heidelberg – mit dem berühmten Schloss und gegenüberliegendem Rebberg Heidelberger Sonnenseite

Badische Bergstraße – mit dem Rotweinpapst auf der Harley

Von Wiesloch bis Weinheim wachsen auf Urgesteinverwitterungsböden ausgezeichnete Rotweine. Spätestens seit Thomas Seeger vom gleichnamigen Weingut in Leimen für seinen Spätburgunder RRR mehr als 120 Euro pro Flasche bekommt, weiß man die nordbadischen Weine so richtig zu schätzen. Der passionierte Harleyfahrer gehört auch zu den Pionieren im Bereich der Cuvées.

Rund um die wunderschöne Studentenstadt Heidelberg lassen sich hervorragende Burgunderweine genießen. Neben den bekannten Weingütern wie Clauer, Adam Müller, Holfelder und anderen kommt den Genossenschaften wie Winzern von Baden, Schriesheim oder der Bergstraße eine besondere Bedeutung zu.

Tauberfranken – ein regelrechter Geheimtipp

Bei den Weinen aus Baden-Württemberg wandert der erste Gedanke nicht gerade nach Bad Mergentheim, Tauberbischhofsheim oder Wertheim. Der nördlichste beziehungsweise auch östlichste Punkt des badischen Weinbaus gehört mit rund 666 Hektar zu den kleinsten Weinregionen in Baden. Bis 1992 wurde diese als „Badisches Frankenland" bezeichnet. Von dem kühleren Klima im baden-württembergischen Norden profitieren vor allem die Weißweinsorten. Elegante und schlanke Müller-Thurgau, Silvaner, Rieslinge sowie Weiß- und Grauburgunder machen regelrecht Appetit zum Weitertrinken. Exzellent sind seit vielen Jahren Weingut Schlör, Becksteiner Winzer und Weingut Geier – unbedingt empfehlenswert!

Stolze Kurpfalz

Der Bereich Mannheim/Heidelberg beziehungsweise die Weinregionen Kraichgau und Badische Bergstraße sind sehr stolz darauf, „Kurpfälzer“ zu sein. Entsprechend stark pflegen sie den Kurpfälzer Dialekt. Durch den Rhein wird die Region von der Pfalz getrennt. Mit der Goldenen Bulle von 1356 wurde der Pfalzgrafschaft die Kurwürde verliehen. Der Name „Pfalz“ leitet sich vom römischen Hügel Palatin ab, was im englischen Wort für Pfalz – „Palatinate“ – oder im französischen „Palatinat“ noch heute deutlich wird. Dort befand sich früher der Palast des Kaisers.

Beindruckende Weinfässer im Heidelberger Schloss

Das Heidelberger Schloss gehört mit Abstand zu den beliebtesten touristischen Hotspots in Deutschland. Wenn die Amerikaner, Japaner und Chinesen ihre Europatour planen, darf das imposante Bauwerk nicht fehlen. Rund 500 000 Touristen besuchen das Schloss Jahr für Jahr. Ich persönlich bin bei jedem Besuch immer wieder tief beeindruckt von den riesigen und so alten Weinfässern! Das größte Fass hat einen Inhalt von 221 726 Litern und stammt aus dem Jahr 1751. Es wurde nur dreimal befüllt, weil es nie richtig dicht war, aber als Attraktion ist es, wie gesagt, immer wieder sehr beeindruckend.

Insgesamt gab es vier dieser riesigen Fässer. Das erste Fass, von 1589 bis 1591 erbaut, wurde im Dreißigjährigen Krieg als Brennmaterial verwendet. Das zweite Fass, das aus dem Jahr 1664 stammt und ein Fassungsvermögen von 195 000 Litern hatte, erhielt sogar einen Tanzboden! Das dritte Fass – 4700 Liter mehr fassend – war leider auch immer wieder undicht. Das vierte Fass ist das anfangs beschriebene größte Fass.

Berühmtes Riesenfass im Heidelberger Schloss

Württemberg und seine Weinbaugebiete

Stuttgart und Umgebung

Die Reben in und rund um Stuttgart faszinieren mich immer am allermeisten. Bedenken Sie nur was ein Quadratmeter Bauland in der Landeshauptstadt kostet. Ein „Hoch!“ darauf, dass die Weinbergbesitzer aus den Weinbergen kein „Bauland“ machen. Sie halten an den Rebflächen fest – und das sind noch über 400 Hektar! Toplagen ziehen sich von Unter- und Obertürkheim bis Esslingen. Das Weingut Wöhrwag beweist schon über viele Jahre, dass hier auch Potenzial in großen Rieslingen steckt. Es war Pionier, denn insgesamt ist Württemberg seit jeher für seine Rotweine berühmt. In dieser Region zeigen außerdem hervorragende Genossenschaften, darunter die Weinmanufaktur Untertürkheim, die Weingärtner Bad Cannstatt oder das Collegium Wirtemberg, dass sie exzellente Weine ausbauen können.

Immer Ende August befindet sich Stuttgart zwölf Tage lang im Ausnahmezustand, denn dann schenken dreißig Wengerter auf dem Stuttgarter Weindorf ihre Weine aus. Nach über vierzig Jahren ist das Fest nicht mehr wegzudenken!

Imposante Grabkapelle auf dem Stuttgarter Rotenberg – errichtet von König Wilhelm I. von Württemberg (1781–1864) für seine Frau Katharina

Beliebte Ausflugsziele: Skulpturenpfad Strümpfelbach und Burg Hohenbeilstein

Remstal – die Paraderegion

Württemberger Wein wurde über viele Jahre außerhalb der Region nur wenig wahrgenommen – wenn, dann vorwiegend von den „Exilschwaben“. Dazu muss auch gesagt sein, dass rund 95 Prozent aller Weine bis vor wenigen Jahren ausschließlich im Ländle konsumiert wurden. Das Remstal mit so berühmten Weingütern wie Aldinger, Schnaitmann, Heid, den Ellwangers oder Haidle – um nur ein paar zu nennen – hat es geschafft, dass Württemberg heute als „die“ Rotweinregion Deutschlands gesehen wird. Im Remstal gibt es wirklich außerordentlich viele der höchstbewerteten Weingüter.

Bottwartal – Hochburg im ökologischen Weinbau

Einen Besuch in der Schillerstadt Marbach am Neckar kann ich nur empfehlen, das Museum lohnt immer wieder eine Besichtigung. Zudem ist Marbach auch in punkto Wein sehr rührig – jedes Jahr veranstaltet die Marbacher Zeitung, unterstützt von der Stadt Marbach und der Tourismusgemeinschaft Marbach-Bottwartal, die „Wein Lese Tage“ – Kultur trifft Wein, eine wirklich geniale Kombination!

Bisher veranstalteten die dortigen Winzer alle zwei Jahre die „Wein- und Kulturtage Bottwartal“. Mit den regionalen Weinen und hervorragenden Künstlern aus aller Welt stellte das Festival im Park der Burg Schaubeck des Weinguts Graf Adelmann ein außergewöhnliches Event dar. Nun tüfteln die Winzer gemeinsam an einem neuen modernen Konzept. Es soll der ökologische Aspekt mehr in den Vordergrund gestellt werden.

Ganz besonders imponiert mir, dass Hartmann Dippon vom Weingut Schloss Hohenbeilstein alle dortigen Winzer vom ökologischen Weinbau überzeugen konnte. Ob Weingut Schäfer, Sankt Annagarten, Brucker, Forsthof, Graf Adelmann – alle ziehen an einem Strang.

Ausblick von der Himmelsleiter auf Besigheim

Mittlerer Neckar – Region mit großem Potenzial

Zu den eindrucksvollsten Weinlandschaften, die ich kenne, gehören in jedem Fall die terrassierten Steilhänge von Hessigheim, Besigheim und Lauffen, die direkt am Neckar liegen. Es kostet wirklich ein Vermögen, die alten Trockensteinmauern zu erhalten. Und zugleich bedeutet die Steillage einen vier- bis fünffach höheren Arbeitsaufwand! Ich kann nur empfehlen: Kaufen Sie die Weine, unterstützen Sie die Winzer, damit diese wertvollen Lagen noch lange bewirtschaftet werden!

Eine riesige Freude macht mir, dass sich junge Winzer wie Stefanie und Fabian Lassak mit so großem Engagement um die aufwendigen Lagen kümmern. Mittlerweile haben sie Neupflanzungen mit sehr hochwertigen Burgunderklonen und der enorm hohen Anzahl von 10000 Stöcken auf einem Hektar vorgenommen. Sie bauen ihre Weine konsequent mit Spontangärung aus und lassen alle in Holzfässern reifen. In jedem Fall produzieren sie sehr anspruchsvolle Weine – das Weingut muss man sich unbedingt merken!

Geschichtsträchtige Zeugnisse in Heilbronn und Schloss Stocksberg über Brackenheim-Stockheim

Heilbronn – legendär das Weinfest „Heilbronner Weindorf"

Zehn Tage im September befindet sich Heilbronn im Ausnahmezustand. Während dieser Tage genießen rund 300 000 Besucher im Heilbronner Weindorf das Angebot von dreißig unterschiedlichen Weinbetrieben.

Schon lange haben die Winzer rund um Heilbronn bewiesen, dass auch in Deutschland große Rotweine wachsen. So gehörten das Weingut Drautz-Able und Grantschen Weine zu den Pionieren im Bereich der Lemberger und Cuvées. Mittlerweile haben sie dort eine unglaubliche Bandbreite an herausragenden Weingütern, wie Kistenmacher & Hengerer, G. A. Heinrich und in der Umgebung Zipf, Leiss sowie natürlich das sehr renommierte Staatsweingut Weinsberg.

Wie weitsichtig die Winzer mittlerweile agieren, zeigt sich in der „Weinvilla" mitten in Heilbronn. Dort können Sie die Topweine der Region genießen, an manchen Tagen kommentiert durch einen der örtlichen Winzer. Zu den Weinen bekommen Sie außerdem noch die passenden Gerichte kredenzt.

Zabergäu – Lemberger par excellence!

Das Zentrum der Weinregion ist unbestritten Brackenheim – mit stolzen 800 Hektar die größte Weinbaugemeinde Württembergs.

Lemberger findet hier auf schweren Keuperlehmböden allerbeste Bedingungen. Die dunkelfarbigen, kraftvollen, würzigen und langlebigen Rotweine überzeugen jeden Kritiker deutscher Rotweine. Ob von der Genossenschaft Stromberg-Zabergäu, dem Klassiker Weingut Graf Neipperg, dem Miniweingut Wolfgang Alt oder dem Weingut Wachtstetter – die Rotweine sind zum Niederknien!

Stromberg und das Enztal – direkte Nachbarn zu Baden

Wenn wir vom Stromberg sprechen, kommt jedem Weinliebhaber sofort das Weingut Dautel in Bönnigheim in den Sinn. Zuerst etablierte sich Vater Ernst mit seinen langlebigen und geschliffenen Lembergern. Heute muss der Sohn Christian als Önologe keinen Vergleich mit dem Burgund scheuen. Seine Spätburgunder suchen seinesgleichen, ebenso wie sein Chardonnay und seine Rieslingweine. Nicht weit entfernt zeigen die Weingärtner Cleebronn-Güglingen, wie jung und dynamisch eine Genossenschaft auftreten kann.

Der Stromberg läuft ins badische Kraichgau aus. Nicht zuletzt durch den großen Lemberger-Preis „Vaihinger Löwe“ arbeiten die Winzer enorm miteinander. Sehr empfehlenswert sind Weingut Sonnenhof, Weingut Zaiß, Weingut Steinbachhof oder Weingut Walz.

Genießen mit allen Sinnen in der Weinregion Stromberg

Berühmte Rotweinregion Haberschlacht

Hohenlohe – wunderschön mit Öhringen

Spätestens wenn Sie das Hohenloher Weindorf, also das viertägige Weinfest in Öhringen, erlebt haben, wissen Sie die Region zu schätzen. Die wunderschöne Kulisse auf dem Marktplatz ist nicht alles, denn die Gastronomen tischen jedes Jahr regionale Gerichte neu interpretiert auf – und die Winzer geben alles! Was für eine tolle Gemeinschaft, wenn sie so gemeinsam auftreten – die Weingüter Fürst Hohenlohe Oehringen, Schwab, Birkert, Ungerer, Schneckenhof – Weingut Müller, Busch und die anderen …

Bayerisch-württembergischer Bodensee – absolute Miniregion

Die Minirebflächen dieser Weinbauregion erstrecken sich hauptsächlich über Kressbronn und Ravensburg. Bemerkenswerterweise sind auch die bayerischen Regionen nach dem Deutschen Weingesetz in Württemberg eingegliedert. Immer wieder überraschend ist, welche blumig-floralen Müller-Thurgau am See gedeihen. Ein echtes Erlebnis ist das bayerisch-schwäbische Weingut Schmidt in Wasserburg. Schon das Weingut selbst ist mit seiner modernen Architektur eine absolute Augenweide, und dazu bauen sie auch noch großartige Burgunderweine aus.

Kultige Weinfeste

Unvergessliches Heilbronner Weindorf

Das meine ich ganz im Ernst! Ich kenne wirklich viele junge Leute, die einmal im Jahr ganz sicher nach Hause zurückkehren – dann nämlich, wenn wieder das Heilbronner Weindorf stattfindet. Und es kommt wirklich jeder auf seine Kosten – Jung und Alt, Weingenießer mit Weinvorkenntnissen oder auch ohne. Neben Wein gibt es herzhafte Speisen: darunter die klassische Bratwurst, aber auch ganz besondere Gerichte. An elf Tagen strömen bis zu 300 000 Besucher zu diesem Großereignis. Dreißig Weinbaubetriebe – darunter die renommiertesten des Ländles – schenken Weine für den unkomplizierten Weingenuss aus, aber genauso auch ganz hochwertige Weine bis hin zu raren Dessertweinen. Verschiedene Bands spielen an unterschiedlichen Stellen; ob Rock oder Country – man muss mindestens mit dem Fuß mitwippen. Für die Fachleute werden ganz besondere Fachproben organisiert, sodass auch sie jedes Jahr dorthin pilgern.

Traumhafte Kulisse auf Öhringens Marktplatz

Ganz besonders imponiert mir, dass beim Hohenloher Weindorf in Öhringen jedes Jahr ein Wettbewerb für die teilnehmenden Gastronomen ausgeschrieben wird. Ausgezeichnet werden die besten kreativen neuen Gerichte von regionalen Produkten. Für viele Besucher ist kein Weg zu weit, und nicht wenige gönnen sich während der Weindorf-Tage nicht nur einmal eine Weinprobe, sondern mehrere und auch immer wieder die schmackhaften Speisen.

Für die hervorragenden Weinbaubetriebe der Region wird schon im Vorfeld ein Weißweinwettbewerb organisiert. Ein Höhepunkt bei der offiziellen Eröffnung ist die Preisverleihung für die besten Weißweine.

Alleine schon die Kulisse mit den hübschen Fachwerkhäusern auf dem Marktplatz und die Livemusik lassen das Fest zu einem unvergesslichen Erlebnis werden. Übrigens gibt es für die jüngeren Besucher einen separaten Platz mit sensationeller Aussicht, Lifestyle-Musik und etwas lieblicheren, trendigen Weinen.

Schnecke-Fescht in Pfaffenweiler

Dieses Event verdankt seinen Namen den zahlreichen Schnecken in den Weinbergen. Die vielen Trockenmauern im Markgräflerland wie in Pfaffenweiler bieten ideale Bedingungen für die schmackhaften Tiere, die es in zahlreichen Zubereitungen – natürlich auch mit ordentlich Knoblauch – zu kosten gibt. Vor einigen Jahren wurde dieses Weinfest als eines der schönsten und beliebtesten Feste der Region ausgezeichnet. Die Einheimischen räumen ihre wunderschönen alten Winzerhöfe – teilweise aus dem 16. und 17. Jahrhundert stammend – aus und dekorieren sie mit viel Herzblut für die Ausnahmetage des Dorfes. Die heimischen Vereine kümmern sich nicht nur um das leibliche Wohl, auch die Kultur kommt nicht zu kurz. Laienschauspieler stellen ihre Künste unter Beweis, und die Musik lädt ein, das Tanzbein zu schwingen. Beim Blumenschmuck übertreffen sich die sympathischen Gastgeber regelrecht. Ganz ehrlich, man muss dieses Fest einfach live erlebt haben!

Kaiserstühler Highlight – Ihringer Weinfest

Schon 43 Jahre gehört das Ihringer Weinfest zu den eindrucksvollsten Weinfesten in Baden. In dem zauberhaften Weindorf werden die Höfe und Lauben mit unglaublicher Sorgfalt herausgeputzt. Die örtlichen Vereine bringen sich alle ein, die Landjugend, Trachtengruppen oder Schützenverein und viele mehr. Entsprechend vielseitig ist das Programm – vom Festgottesdienst am Sonntag über zahlreiche musikalische Darbietungen bis hin zur den Alphornbläsern. Das Highlight ist die „traditionelle Winzerolympiade". Die Stimmung kocht regelrecht über, jeder kommt auf seine Kosten, und die Begeisterung hallt noch lange Zeit nach. Die Ihringer Weinqualitäten suchen ihresgleichen – und mit einem leckeren Schäufele oder badischem Ochsenfleisch auf dem Teller bleibt es gewiss nicht bei einem Glas.

Am liebsten würde ich Ihnen noch die vielen anderen Weinfeste wie zum Beispiel das Freiburger Weinfest, das Stuttgarter Weindorf oder die zahlreichen weiteren vorstellen. Es sind im Sommer immer wieder unvergesslich wunderschöne und genussvolle Tage.

Württemberg versus **Baden**?!

Jetzt geht es ans Eingemachte! Natürlich sind die Badener und Württemberger nach fast siebzig Jahren Vereinigung in vielen Bereichen zusammengerückt – vor allem die jüngere Generation in den letzten zehn bis fünfzehn Jahren. Die Vorurteile und auch die Frotzeleien schwinden immer mehr. Allerdings: mit einem Schmunzeln und vielleicht etwas überspitzt lässt sich die eine oder andere Tradition noch erkennen.

Weinlese

Im Schwäbischen wird im Herbst bei der Lese häufig mittags ein Feuer entfacht, damit man sich etwas grillen kann. Können Sie riechen, wie lecker es duftet, wenn ein Würstchen auf einem Stecken ans Feuer gehalten wird? Hm – es ist so lecker! Und am zweiten Tag macht es auch noch Freude ... Sie merken schon, worauf ich hinaus will: Ab dem dritten Tag weiß man zu schätzen, wie gut auch ein Eintopf schmecken kann. Letzteres wird in Baden noch öfter praktiziert, dort tischt die Frau des Hauses bei der Lese mittags gern einen großen Topf mit Linsen oder Gulasch auf. Und wem sage ich es? Bei körperlicher Anstrengung schmeckt ein Essen mindestens zehnmal so gut!

Erntezeit im Herbst – die Trauben werden mühsam in Handarbeit gelesen

Die Steillagen bieten Voraussetzungen für beste Traubenqualitäten

Trinkgewohnheiten

Da muss ich doch ein bisschen aus der Vergangenheit erzählen. Seit jeher wurde in Württemberg mehr Rotwein als Weißwein kultiviert, was für Deutschland wirklich ungewöhnlich ist. Das war natürlich in erster Linie dem Trollinger geschuldet. Eine Winzerin sagte mir einmal: „Der Trollinger ist zwar ein roter Wein, aber kein Rotwein." Sie erklärte damit, dass der Trollinger tatsächlich leicht, hellfarbig und etwas gekühlt am besten schmeckt. Er lässt sich zu jeder Tages- und Nachtzeit trinken, und ich würde so weit gehen zu sagen: „Er tut nicht weh." Der eine oder andere erinnert sich vielleicht noch, dass früher die Oma oder der Opa gerne eine Flasche Trollinger im Schlafzimmerschrank aufbewahrte (dort war es am kühlsten) und sich morgens einen Schoppen genehmigte. Sie waren damals bestimmt den ganzen Tag über wunderbar entspannt …

Ich kann mich noch erinnern, wie meine erste schwäbische Vermieterin nach drei Jahren schwärmte, dass der Trollinger in diesem Jahr so gut schmecke. Also trank sie Jahr für Jahr den Trollinger, auch wenn der Jahrgang vielleicht etwas säuerlicher ausfiel. Die Schwaben liebten ihren Wein, und so kam es, dass rund 95 Prozent aller Weine im Ländle selbst konsumiert wurden. Die Trinkgewohnheiten haben sich bei den jungen Menschen verändert. Sie trinken auch gerne internationale Weine und haben sich entsprechend an dunkelfarbigere, fruchtigere und kraftvollere Weine gewöhnt.

In Baden hingegen wurden Weine schon früh als Essensbegleiter angesehen, was natürlich auch mit der direkten Nachbarschaft zu Frankreich zusammenhängt. Bis in die 80er-Jahre des letzten Jahrhunderts waren „süffige“ Weine – also Weine mit beträchtlicher Restsüße – gang und gäbe. Am Kaiserstuhl entstand Mitte der 1980er-Jahre eine Initiative hin zu trockenen Weinen. Als Essensbegleiter eignen sich die trocken ausgebauten Weine nämlich in aller Regel viel besser. Ein süßlicher Wein kann hingegen schnell sättigend oder auch pappig wirken.

Baden war außerdem großer Vorreiter im Bereich des Spätburgunders. Einige Kaiserstühler Winzer (natürlich auch andere – Ausnahmen bestätigen die Regel) orientierten sich schon in den 1980er-Jahren am Ursprungsland Burgund. Ich kann mich noch sehr gut an den großartigen Jahrgang 1990 erinnern – da gab es die ersten großen deutschen Spätburgunder, die den Burgundern schon recht nahe kamen.

Spucknapf

Okay, dieses Thema betrifft jetzt eher die Fachleute. Sie können sich vorstellen, dass man nicht alle Weine trinken kann, wenn man beruflich mit Wein zu tun hat. „Spucken“ ist daher auch meine Devise. Hierfür gibt es eigens Spucknäpfe. Im Schwäbischen ist es aber oft noch schwierig, einen Spucknapf zu bekommen – den Winzern blutet dann wirklich das Herz. Vor fast zwanzig Jahren durfte ich die damalige Werbekampagne des Landes Baden-Württemberg „Wir können alles außer Hochdeutsch“ begleiten. Es gab im Fernsehen einen Film, in dem ich einen Wein verkoste, schlürfe und schmatze – und zum Schluss ausspucke. Die Württemberger Winzer waren damals regelrecht schockiert. Den guten Wein auszuspucken …

Blindverkostung – für die objektive Einschätzung eines Weines

Rebe mit großem Potenzial: Lemberger

Schaffe, schaffe, Häusle bauen ...

Bis heute wird den Schwaben nachgesagt, dass sie „schaffig“ sind. Ich würde das sofort unterschreiben. Man zeigt sich gerne von der fleißigen Seite. Dafür kommt auch entsprechend viel Erfolg zurück. Gerade im Weinbereich haben sie in den vergangenen Jahren ihre Hausaufgaben hervorragend gemacht. Früher galten ihre Weißweine als säuerlich, heute können sie sich auf nationaler Ebene locker mit den anderen Regionen messen. Die typische deutsche Rotweinsorte Spätburgunder war nicht die große Stärke von Württemberg, doch auch da können sie heute mithalten. Bei Lemberger und Rotweincuvées suchen sie ihresgleichen. Kein Wunder, dass die Württemberger mit ihren großartigen Rotweinen Jahr für Jahr auf dem Siegerpodest des Deutschen Rotweinpreises stehen.

In Baden war man seit jeher mehr auf der Genießerseite unterwegs. Ich persönlich bin damit groß geworden, dass zum Essen ein Glas Wein dazugehört. So habe ich natürlich auch meine Liebe zum Wein entdeckt. Bitte verstehen Sie es nicht falsch: Es soll nicht viel Alkohol sein, aber ein Schluck Wein rundet natürlich jedes gute Mahl perfekt ab. Die Küche in Baden war schon zu früher Zeit außergewöhnlich gut! Es braucht eigentlich gar kein Sternerestaurant, man kann in ganz normalen Restaurants exzellent essen – und trinken. Einziger Wermutstropfen: in Baden wird lang nicht so viel heimischer Wein wie in Württemberg getrunken.

In der Studentenstadt Freiburg werden die Weine oft nach dem Preis gekauft. Da bleiben die höherpreisigen badischen Weine manchmal auf der Strecke. Dabei lohnt sich die Investition in die regionalen Weine!

Wichtige Maßeinheiten

Esslinger Eimer

Wunderbar, wenn vom „Maß aller Dinge" gesprochen wird. Im Spätmittelalter galten 300 Liter Wein als der „Esslinger Eimer". Die Reichsstadt Esslingen war eine wichtige Wein- und Handelsmetropole, deshalb diese Benennung. Bei dieser Menge kommt mir gleich wieder in den Sinn, dass die Württemberger im Durchschnitt während der letzten Jahre mit 40 Litern pro Kopf fast doppelt so viel tranken wie der Bundesdurchschnitt. Zurück zum Mittelalter: Damals sollen sogar rund 150 Liter pro Jahr durch die durstigen Kehlen geflossen sein. Allerdings hatten die Weine zu damaliger Zeit nur 5 bis 6 Prozent Alkohol. Der Wein wurde gern anstelle von Wasser getrunken, denn er war im Allgemeinen gesünder, da Trinkwasser oft verschmutzt und ungenießbar war. Gerne wurde Wein auch verwendet, um Trinkwasser haltbar zu machen.

Öhringer Maß

Als 1583 für die Vasallen der Hohenloher ein Saufgelage veranstaltet wurde, demonstrierten sie ihre Männlichkeit, indem sie den großen Lehensbecher leerten – ein Öhringer Maß mit fast zwei Litern.

Beachtliche Rebflächen

Bei so viel Weingenuss mussten entsprechend viel Rebflächen gepflegt werden. Alleine in Württemberg waren rund 45 000 Hektar mit Reben bestockt, heute sind es nur noch etwas über 11 000 Hektar. Sogar auf der Alb wurden auf über 700 Metern Höhe Rebstöcke kultiviert (ich stelle mir vor, wie er die Socken heruntergerollt hat) – oder in Ulm. Letzteres war übrigens als wichtigster Weinhandelsumschlagplatz im Süden der Hotspot. Mit dem Dreißigjährigen Krieg (1618–1648) nahm der Weinbau in Württemberg massiv ab.

Esslingen – Sitz der ersten Sektkellerei Deutschlands

»Was ist des Lebens höchste Lust? Die Liebe und der Wein.«

Joachim Perinet

Der Texaspass im Kaiserstuhl

Junge **Wilde**

Tradition ohne Fortschritt ist der Tod!

„Tradition ohne Fortschritt ist der Tod!" – das ist meine Devise. Unglaublich spannend ist es doch, wenn die jungen Winzer internationale Erfahrungen mit einbringen. Früher war man darauf bedacht, dass der Wein typisch für den Ort war, heute schauen die Winzer auch über den Tellerrand – bis ins Ausland. Dabei ist der Blick in andere Weinregionen unabdingbar, die Weingenießer trinken heute auch mal den Italiener, Franzosen oder Spanier. Und probieren Sie die deutschen Rotweine, was haben wir in den letzten Jahren für Fortschritte gemacht!

Zwar kann man den Klimawandel ja eigentlich nicht positiv sehen, doch für Rotweine bietet er tatsächlich bessere Voraussetzungen. Aber vor allem auch verbesserte Kellertechnik und besseres Wissen sorgen heute für gehaltvolle kraftvolle Rotweine.

Bei den Topweingütern ist es inzwischen gang und gäbe, dass die Winzer nach ihrer Ausbildung Weinbau und Önologie studieren und während des Studiums oder anschließend internationale Erfahrungen sammeln. Das ist unglaublich spannend, denn auf der einen Seite wird vor allem in Übersee immer weiter an modernerer Kellertechnik gefeilt, auf der anderen Seite gehen die Winzer in den Reben teilweise ganz neue Wege. So habe ich erlebt, wie sie in Neuseeland mit Folien getüftelt haben, die noch mehr Sonnenstrahlen reflektieren und Wärme speichern. Oder man spannte Heizdrähte um die Reben, um sie vor Frost zu schützen. In Chile habe ich Vorhänge gesehen, die die Reben vor starken Meereswinden schützen können.

Kellertechnisch hat sich in den letzten Jahren enorm viel verändert. Denken Sie nur an die hellfarbigen Rotweine, die es früher in Deutschland gab. Heutzutage arbeiten die Kellermeister zum Teil mit Kaltmazeration, um mehr Farbe in den Wein zu bekommen. Das bedeutet, dass die Trauben anfangs heruntergekühlt werden – manchmal auch mit Trockeneis, was im Keller schon spektakulär ausschaut. „Mikrooxidation" hat sich zu einem Zauberwort entwickelt, dabei lässt man den Weinen während der Reifung Sauerstoff zukommen. Lange Zeit wurden Weine möglichst reduktiv (im Gegensatz zu oxidativ soll kein Sauerstoff an den Wein gelangen) im Inox-Stahltank ausgebaut, um jeglichen Luftkontakt zu vermeiden.

Modernere Technik im Weinausbau – Kaltmazeration mit Trockeneis

Während man früher auf Keller mit *Cladosporium Cellare* (Kellerschimmel) stolz war, präsentieren sich die Keller heute klinisch rein. Entsprechend wird jetzt auch viel weniger Schwefel eingesetzt. Und Drehverschlüsse für die Weinflaschen genießen heute einen hohen Stellenwert bei den Fachleuten, während sie früher tendenziell abgelehnt wurden. Sie merken, es verändert sich echt viel!

Noch viel besser finde ich, dass sich die Winzer untereinander so gut vernetzen, den Austausch pflegen und sich wertvolle Tipps geben. Die jüngeren Winzer verkosten ihre Weine gemeinsam und kritisieren sich auch mal gegenseitig, das kann ab und zu schon wehtun. Doch „Gemeinsam ist man stark" war schon immer meine Devise.

Immer häufiger planen die Winzer gemeinsame Veranstaltungen wie After-Work-Partys, Nächte der offenen Keller, Weinbergleuchten oder Picknicks im Park. Gern verbinden sie die Events mit Speisen eines guten Gastronomen oder eines Grillmasters wie Tom Heinzle – er ist der Beste! Coole Musik fehlt heute auch nicht. Was für eine Bereicherung!

Junges Schwaben – tolle Jungs!

Als sich 2002 die fünf damals jungen Winzer (heute sind sie noch fast jung) Hans Hengerer, Jochen Beurer, Sven Ellwanger, Rainer Wachtstetter und Jürgen Zipf als „Junges Schwaben" zusammenschlossen, war das unglaublich weitsichtig! Zu dieser Zeit war es fast ein Novum. Vorbild waren wohl die „Fünf Freunde“ aus der Südpfalz. Nicht nur, dass sie seither ihre Weine gemeinsam verkosten und präsentieren – sie haben sich auch noch kompetente fachliche Unterstützung durch Bernd Kreis geholt. Wie gut, wenn ein Weinexperte von außen Tipps gibt beziehungsweise auch Kritik üben darf. Aus meiner Sicht hat es alle fünf Weingüter enorm weitergebracht! Allesamt gehören sie zur Spitze des Württemberger Weins. Ein bisschen schwäbischen Hintergedanken gab es auch – die Jungs schlossen sich unter anderem zusammen, damit sie sich auf Deutschlands wichtigster Weinmesse, der „ProWein“ in Düsseldorf, die Standgebühren teilen und sich dadurch einen schöneren und größeren Stand leisten konnten.

Tolle Jungs – die Spitzenwinzer „Junges Schwaben“: Jochen Beurer, Jürgen Zipf, Rainer Wachstetter, Sven Ellwanger, Hans Hengerer

Orte-NOW

Es rockt in Baden!

Nomen est omen – die drei außergewöhnlichen Winzer Axel Bauer, Jürgen Fendt und Sven Nieger mischen die badische Weinwelt regelrecht auf. Alle drei Betriebe besitzen keine 200 Jahre Weingeschichte mit Familientradition, ganz im Gegenteil: man könnte sie alle drei als erfolgreiche Start-ups bezeichnen. Obwohl alle drei Unternehmen in ihrer Weinstilistik sehr unterschiedlich sind, ergänzen sie sich aufs Beste!

Insgesamt tun sich die badischen Weinbaubetriebe eher noch etwas schwer damit zusammenzuarbeiten. Da sind die drei genannten Weingüter schon sehr weitsichtig. Einen wirklich mutigen Schritt gehen sie gerade dadurch, dass sich alle drei gegen die Qualitätsweinprüfung entschieden haben. Ihre Weine heißen schlicht „Landweine". Geschuldet ist die Entscheidung dem Wunsch, keinen Mainstream – also keine gefälligen Weine – produzieren zu wollen, vielmehr legen sie Wert auf eigenständige spontan vergorene Weine. Im Rebberg wird bei allen drei Winzern Ökologie ganz groß geschrieben.

Jürgen Fendt – ehemals Spitzensommelier in den renommiertesten Häusern

Schon viele wunderbare Jahre verbinden meinen Kollegen und Freund Jürgen Fendt und mich. Er hat lange Zeit in den besten Restaurants der Republik gearbeitet – um nur Colombi in Freiburg, Sonnora in Dreis und das Restaurant Bareiss in Baiersbronn zu nennen. Kein anderer Sommelier hat außerdem so viele Weinwettbewerbe in Deutschland bestritten wie er. Jürgen Fendt hat die Trophée Ruinart als bester Sommelier des Jahres gewonnen, Deutschland bei der Weltmeisterschaft vertreten und auch Auszeichnungen wie „Sommelier des Jahres" beim Weinführer Gault Millau erhalten. Schon 2001 fing Jürgen an, einen Weinberg an der Mosel zu betreuen. Nachdem er erfolgreich Erfahrungen gesammelt hatte, begann er 2009 in Varnhalt im Herzen von Baden, Wein selber auszubauen. 2017 war es dann soweit – er gründete dort seinen Betrieb im Vollerwerb.

Seither ist er in seiner Weinstilistik sehr mutig geworden. Seine Weine werden „spontan" vergoren, also ohne Reinzuchthefen, und haben eine ganz eigene Stilistik. Sein kleines Sortiment umfasst Weine wie den 2015er Riesling „Mimi" – zwei Jahre auf der Vollhefe gelegen und nur in Magnumflaschen erhältlich –, oder „Claret“, einen dunkelfarbenen Rosé nach dem Vorbild der Bordeauxweine vor 130 Jahren … Spektakulär ist sein nach Portwein-Manier ausgebauter GF67. Aber vor allem steht Jürgen Fendt für exzellente Rieslinge und Spätburgunder. Die Weinlinien unterscheiden sich in „Steinwerk“, „Mauerwerk“, „Saugut“ und „FENDTWein“. Einziger Wermutstropfen bei dem kleinen Betrieb: Es gibt noch kein Weingut, das man besuchen und anschauen kann.

Mister Riesling – Sven Nieger

Ein Start-up wie im Bilderbuch! Ebenfalls in Varnhalt gründete der weit gereiste Önologe – 2011 noch im Nebenerwerb, dann ab 2013 im Vollerwerb – sein eigenes Weingut. Nach wertvollen Erfahrungen bei Spitzenweingütern in Neuseeland, Österreich und in der Pfalz zog es den gebürtigen Badener nach Baden-Baden und damit doch wieder in die Heimat zurück. Von Anfang an war für ihn klar, dass Riesling der „König der Weißweine“ ist. Keine andere Rebsorte kann so stark das Terroir in den Wein transportieren – und gleichzeitig so klare, fruchtbetonte und rassige Weine hervorbringen. So startete Sven Nieger seine Karriere mit vier außergewöhnlichen Rieslingen: „Gutswein“, „Stich den Buben“, „Klosterberg“ und „Mauerberg“ – Letzterer wurde auf Anhieb beim Fachmagazin „Falstaff“ mit 95 von 100 Punkten ausgezeichnet. Mittlerweile verfügt der Diplomingenieur über 15 Hektar Rebflächen, welche ihm im Keller eine tolle Spielwiese ermöglichen.

Nachdem er mit der Handschrift seiner Weine bei der Weinqualitätsprüfung immer wieder aneckte, entschloss er sich 2015, komplett darauf zu verzichten. Lagennamen auf den Etiketten wichen Attributen – so heißen seine Rieslinge heute „unbestechlich“, „unbeschwert“, „ungeschminkt“, „ungezähmt“, „Mauerblümchen“ oder „Underdog“ … Was der Riesling für Weißweinfreaks ist, ist der Spätburgunder für die Rotweinfans. Ebenfalls geschliffen, subtil und anspruchsvoll, werden Niegers Spätburgunder von Kennern unglaublich hochgeschätzt! Vor allem im Export, wie in den Niederlanden, hat er eine große Anhängerschaft.

Wie es sich für ein Start-up geziemt, wird man bei Sven Nieger auf Facebook und Twitter super auf dem Laufenden gehalten.

Powerpaket Axel Bauer

Schon wenn Axel Bauer den Raum betritt, spürt man seine enorme Energie. Mit seinem Kellermeister Thorsten Klein bildet er ein unschlagbar gutes „green Team“. Nach der Hochschule Geisenheim ging Thorsten Klein an die Nahe und die Ahr, ins Burgenland, in die Pfalz, an die Mosel und nach Rheinhessen. Der diplomierte Önologe stammt ursprünglich von der Ahr, wo er schon erfolgreich eigene Weine ausbaute. Nun genießt er es in seiner Wahlheimat Baden, „Rock 'n' Roll“ im Keller zu zaubern.

Lohn eines Jahres aufwendiger Arbeit: goldener Herbst mit Weinlese

Als Start-up haben sie kein Problem damit, kein altes gewachsenes Weingut mit alten Kellern zu besitzen. Ganz im Gegenteil, sie sind stolz auf ihr modernes, schnörkelloses Weingut im Industrieviertel von Bühl. Gestartet ist Axel Bauer 2012 mit seinen ersten eigenen Fässern. Kein Geringerer als Winzerikone Bernhard Huber stand ihm damals zur Seite.

Während die beiden anderen Kollegen großes Augenmerk auf Riesling legen, geht es im Weingut Axel Bauer viel breiter gefächert zu. Neben dem Fokus auf Burgunderrebsorten wie Weiß- und Grauburgunder sowie Chardonnay haben sie auch Chenin blanc, Viognier oder Goldmuskateller in ihrem Sortiment. Beim Rotwein bauen sie absolut überzeugende Cuvées aus, mit Rebsorten wie Cabernet Sauvignon, Merlot, Syrah, aber auch Tempranillo, Tannat oder Malbec! Alleine das spiegelt schon ihren ungeheuren Tatendrang und Blick über den Tellerrand wider.

Alle Weine werden ebenfalls spontan ausgebaut und haben lange Zeit im Keller zu reifen. Die beiden Weinverrückten bauen, wann immer es möglich ist, fast alle Weine in Holzfässern aus. So können Sie dort einen Müller-Thurgau verkosten, wie Sie es nie für möglich gehalten hätten. Absolut floral im Duft und dann komplex – perfekt ausbalanciert mit Holz. Darüber hinaus wird dem Sauvignon blanc, Grauburgunder, Chardonnay und den anderen viel Zeit zur Reifung im Holzfass gelassen. Allerdings schmeckt das Holz niemals vor – es verleiht den Weinen einfach eine bessere Balance und vor allem Langlebigkeit. Die Rotweine von Cabernet Sauvignon und Merlot oder auch den Syrah können Sie jederzeit in einer Blindverkostung mit französischen Spitzengewächsen antreten lassen – Sie werden überrascht sein, welch exzellente Qualitäten bei uns in der Heimat wachsen!

Heute eine Selbstverständlichkeit –
junge Frauen im Beruf der Winzerin

Vinissima

Wenn Frauenpower und Wein zusammenkommen

Im Sommer 1991 entschlossen sich am Küchentisch von Winzerin Beate Wiedemann-Schmidt im Weingut Bercher-Schmidt die Gastgeberin und sechs andere taffe Frauen, eine Weinfrauenvereinigung zu gründen. Die Keimzelle für Vinissima! Die Idee war, Winzerinnen, Sommelièren, Weinhändlerinnen, Weinmarketingdamen und Journalistinnen auf unkomplizierte Weise in einem Netzwerk zusammenzubringen. Die Vereinigung funktioniert bis heute grandios gut! Mittlerweile sind es über 600 aktive Mitglieder. In erster Linie wird der Austausch untereinander gefördert. Alle duzen sich – und Sie glauben gar nicht, wie schnell Frauen zusammenrücken können. Die Winzer staunen immer, dass wir uns alle so gut kennen! Es gibt regelmäßige Treffen mit Weinproben, aber auch anderen interessanten Themen, wie Englisch im Weinthema, ein Tagesseminar zu Arbeitsorganisation und Führung, Webinare, ein zweitägiger Weincampus und vieles mehr. Ein ganz besonderes Erlebnis sind immer wieder die angebotenen internationalen Weinreisen. Bei so geballter Fachkompetenz kommt man oder vielmehr frau echt viel herum!

Zudem werden pro Jahr zwei Stipendien an junge im Wein studierende Frauen vergeben. Sie bekommen 300 Euro monatlich, die Hälfte wird vom Bundesministerium für Bildung und Forschung getragen. Ziel des Stipendiums ist die Fortbildung der jungen Frauen.

Den Frauen werden eine feine Nase und Gaumen nachgesagt

Seit einigen Jahren wirkt Vinissima im Arbeitskreis des Deutschen Weinbauverbandes mit, die 1. Vorsitzende ist zudem mit Sitz und Stimme im Vorstand des Deutschen Weinbauverbandes präsent.

Ich persönlich bin nach jedem Vinissima-Treffen ganz beseelt, weil ich wieder neue Kontakte zu gleichgesinnten Frauen bekommen habe.

Steillagen

Gibt es sie in der Zukunft noch?

Wer unter uns ist nicht schon einmal an steil gelegenen Weinbergen vorbeigefahren – wie etwa in Hessigheim oder Besigheim in Württemberg oder in Durbach oder Neuweier in Baden? Sie sehen zauberhaft aus – und sind gefährdet.

Rund 1000 der 28 000 Hektar Weinbergflächen in Baden-Württemberg befinden sich in den sogenannten Steillagen. Und geht einem nicht das Herz auf angesichts der schönen Anblicke? Diese Rebhänge sind einfach spektakulär und zeigen eine herrliche gewachsene Kulturlandschaft. Ab 30 Prozent Hangneigung spricht man von einer Steillage. Nicht selten kommen sie auf das Doppelte, was für die Winzer natürlich einen enormen Aufwand bedeutet. Die Arbeiten im Rebberg erfolgen im Allgemeinen von Hand, weil der Einsatz von Traktoren oder anderen mechanischen Geräten schwierig oder gar unmöglich ist. Das entspricht teilweise einem vier- bis fünffach höheren Aufwand als in einer relativ flachen Lage. Wenn der Erlös für diese Weine entsprechend höher wäre, bräuchten wir uns keine Sorgen um die Zukunft dieser Hänge zu machen. Aber das ist leider reine Illusion.

Tiefe Wurzeln

Ganz abgesehen davon, dass sie eine Kulturlandschaft prägen, wachsen die Steillagenreben in einem besonderen Mikroklima. Die Sonnenstrahlung ist natürlich viel intensiver und die Reben verdecken sich nicht gegenseitig. Die Böden fallen in aller Regel karger und steiniger aus mit einer guten Drainage, sodass die Reben sehr viel tiefer wurzeln müssen, um an Wasser und Nährstoffe zu kommen. Im Allgemeinen wird davon gesprochen, dass Reben bis zu 20 Meter tief wurzeln – in Steillagen mit felsigem Untergrund kann es auch das Doppelte sein. Solange die Reben eine gute Versorgung haben (fruchtbare Böden und Wasser), werden sie sich nicht so anstrengen und sich die Wurzeln eher flacher verteilen. Hochwertige Weine zeichnen sich vor allem durch ihre Mineralität aus, die erst zustande kommt, wenn die Reben älter und entsprechend ins tiefe Erdreich vorgedrungen sind.

Mundelsheimer Steillage – echtes Kulturerbe!

Lieber Lavendel?

Schon lange überlegen sich die Fachleute, ob in der Zukunft statt Weinreben Lavendel oder Sonstiges angebaut werden sollte. Gott sei Dank aber hat sich die grün-schwarze Landesregierung darauf geeinigt, seit 2018 die Förderung von Steillagen von 900 auf 3000 Euro pro Hektar zu erhöhen. Den großen Dank muss man dem Präsidenten des Weinbauverbands Württemberg, Hermann Hohl, und seinem Pendant in Baden, Kilian Schneider, aussprechen, die sich intensiv dafür eingesetzt haben.

Obwohl 3000 Euro pro Hektar viel klingt, reicht es nicht aus, um dem Winzer einen Gewinn zu bescheren. Alles muss in Handarbeit gemacht werden. Wenn die Wengerter mit kleinen Weinbergtraktoren fahren können, müssen diese mit Steillagen-Notbremsen ausgestattet sein. Die großen Ballonreifen sind mit Wasser befüllt, um Gewicht zu haben. Wenn ein Gerät zur Bearbeitung aufgesetzt wird, braucht es Gegengewichte. Oder der Winzer investiert in eine Monorackbahn oder in sogenannte Steillagen- und Raupenmechanisierungssysteme – solche Investitionen lassen sich nur schwer amortisieren. In der Zukunft sollen mehr Drohnen zum Einsatz kommen, zur Weinanalyse oder zum Pflanzenschutz. Und natürlich fallen teilweise die Erntemengen geringer aus. Wenn schon finanziell kein Anreiz da ist, müssen wir dankbar sein, dass so viele Winzer mit Überzeugung die Steillagen weiter pflegen.

Unterschätzte **Genossen**schaften!

Wenn ich in Hamburg oder Berlin über unsere Weine aus dem Ländle erzähle, merke ich, dass es doch noch manchmal Vorurteile den Genossenschaftsweinen gegenüber gibt. Während die Genossenschaften in Baden-Württemberg rund 75 Prozent aller Trauben verarbeiten, sind die Strukturen in den anderen Weinregionen viel mehr auf Privatweingüter verteilt.

Ich sage Ihnen, der Brüller ist ja schon, wenn ich immer mit großem Selbstverständnis von den „WGs" spreche und dann in gerunzelte Gesichter schaue. Wohngemeinschaft? Nein – ich spreche natürlich von der Winzergenossenschaft. Und der Clou: vor kurzem saß mir ein Geschäftsmann bei einem Abendessen gegenüber, der ganz und gar von dem Spätburgunder (von der Winzergenossenschaft Sasbach – lecker!) angetan war. Bei der Verabschiedung sagte er mir dann: nur schade, dass er diesen köstlichen Tropfen nicht seinen Geschäftspartner kredenzen könne. Nun lag es an mir ein verständnisloses Gesicht zu machen. Auf meine Nachfrage antwortete er: Genossenschaft klingt wie Kolchose!

Werner Seibold, langjähriger Kellermeister der Fellbacher Weingärtner, zeigte viele Jahre, welches Potenzial in den Genossenschaften steckt

Moderne Namen

Viele Weingärtnergenossenschaften firmieren heute um, so dass sie sich Winzerkeller, Winzer eG oder Weinmanufaktur nennen. Ich denke, dass das tatsächlich außerhalb unserer Landesgrenzen auf eine sehr positive Resonanz stößt.

Und wie ist das Renommé in unserem Ländle? Gibt es da eventuell noch Vorurteile gegenüber Genossenschaftsweinen? Selbstverständlich haben die Menschen immer ganz unterschiedliche Ansichten. Allerdings die Aussage „Da kommt alles rein" – die kann ich überhaupt nicht unterschreiben. Das wirklich Großartige ist ja, dass der Kellermeister sich das beste Lesegut herauspicken kann. Denken

In Baden zählt die Durbacher Winzergenossenschaft zu den ganz renommierten Betrieben

Sie nur, wenn beispielsweise 300 Winzer in der Genossenschaft als Mitglieder angegliedert sind, kann der Betriebsleiter sich die Filetstücke herauspicken. Die Hanglange nach Südwesten ausgerichtet, mit altem Rebenbestand. Diese können sie selektionieren und ganz separat ausbauen. So kommen natürlich auch die zahlreichen Siegerweine bei den anerkannten Weinwettbewerben zu Stande.

Beispielsweise die Weinmanufaktur Untertürkheim, die Fellbacher Weingärtner, Durbacher Winzergenossenschaft oder die Sasbacher sind immer wieder auf dem Siegertreppchen verschiedener Weinwettbewerbe anzutreffen. Die Liste lässt sich natürlich unendlich fortsetzen mit hervorragenden Genossenschaften!

Wissen Sie, wie es mit den Weingenossenschaften losging?

Heinrich Hansjakob gründete 1881 die Winzergenossenschaft Hagnau. Der aus dem Kinzigtal strafversetzte Pfarrer war nicht nur ein Vordenker, sondern er war auch als Querdenker bekannt. Diese erste Genossenschaft am Bodensee initiierte er als Bollwerk gegen die Willkür der Weinhändler.

Schnell zeigte sich, dass es zum Erfolg führt, die Kräfte zu bündeln. Noch vor zwanzig Jahren war es gang und gäbe, dass bei uns fast jeder ein paar Reben im Nebenerwerb hatte, die er natürlich an die Genossenschaft ablieferte. Ansonsten müsste ja jeder zweite Haushalt über geeignete Keller, Pressen, Fässer und das, was sonst noch alles dazu gehört, verfügen. Allerdings geht der Trend seit Jahren in eine andere Richtung. Die Jüngeren sind gar nicht mehr so erpicht darauf, nach Feierabend noch in die Reben zu gehen und diese entsprechend zu pflegen und bearbeiten. Entsprechend kristallisieren sich immer mehr Nebenerwerbswinzer heraus, die größere Flächen bearbeiten.

Beeindruckender Blick von Durbach in die Rheinebene

Strukturänderungen

Immer mehr Weingärtnergenossenschaften fusionieren. So können Synergien genützt werden, und nicht jede Genossenschaft braucht eine eigene Verwaltung, Keller mit entsprechender Ausstattung und natürlich den Vertrieb. Wie gut es gelingen kann, zeigt das Collegium Wirtemberg. Schon 2007 haben sich die Weingärtnergenossenschaften Rotenberg und Uhlbach zusammengeschlossen. Oder in Baden die Baden-Badener Winzergenossenschaft die ursprünglich aus Bühlertal und Neuweier entstand, dazu kamen der benachbarte Winzerkeller „Hans Stich den Buben“ in Steinbach/Umweg und im Jahr 2012 die Winzergenossenschaft Varnhalt eG.

Zusammenfassend lässt sich zu den Genossenschaftsweinen sagen, dass sie natürlich die Qualitäten für jeden Tag bieten, aber auch im qualitativ hochwertigen Bereich locker mitspielen können!

Rettet die Reben

Mehr als nur ein Herzensprojekt!

Die meisten Museen werden bestückt, beschriftet und besucht. Unterhalb der Yburg in Stetten wurde aber eines gepflanzt und gedeiht prächtig. Das Ergebnis kann man sogar trinken.

Ohne Herzblut wäre das nicht möglich gewesen: Mauern ohne Mörtel, am Steilhang zwischen Brombeerbewuchs und hartem Stein – der umtriebige Stettener Ebbe Kögel, der Verein Allmende und Jochen Beurer vom gleichnamigen Weingut in Stetten haben alles gegeben und einen Traum wahr gemacht. Bedeutsam ist das deshalb, weil sich unterhalb der Yburg in Kernen-Stetten die letzte im Remstal verbliebene Terrassensteillage befindet. Um die Burg herum haben sie aufwendig Trockenmauern restauriert und Unkrautbewuchs gerodet. Es war wirklich eine unglaubliche Aufgabe.

Die Mauern werden ohne Mörtel gebaut und bieten Lebensraum für eine reiche Flora und Fauna – das heißt aber auch, die Steine müssen so behauen werden, dass sie perfekt aufeinanderpassen. Und alles soll bis in die Ewigkeit halten. Das braucht Übung. So kam es, dass sich viele engagierte Bürger der Region zusammentaten und anpackten.

Reben aus dem Mittelalter

Wiederum gemeinsam wurde ausgetüftelt, dass man hier alte Rebsorten pflanzen könnte. Aus dem Mittelalter sollten sie sein. Christine Krämer, Weinfachfrau und Historikerin in Stuttgart, schrieb zu dieser Zeit gerade ihre Doktorarbeit über mittelalterliche Rebsorten, Andreas Jung, Wissenschaftler für alte Reben, suchte nach Rebstöcken, die eigentlich als ausgestorben gelten. Auch Dr. Bernd Hill von der Staatlichen Lehr- und Versuchsanstalt für Wein- und Obstbau in Weinsberg ließ es sich nicht nehmen, außergewöhnliche Rebstöcke beizusteuern. So wurde 2009 also gemein-

Eine Wissenschaft für sich: das Bauen und Erhalten von Trockenmauern im Weinberg

Die alte Terrassensteillage bietet Lebensraum für zahlreiche Tiere und Pflanzen

sam ein Herzensprojekt verwirklicht, das tatsächlich einzigartig ist in Deutschland. Mittlerweile stehen hier 25 alte, zum Teil vergessene Rebsorten.

Noch nie gehört, noch nie getrunken. Ist es nicht spannend, dass man aus heutigen Reben eine Art gentechnischen Fingerabdruck nehmen kann? So wissen wir mittlerweile, dass der sogenannte Heunisch bei über 80 Sorten seine Finger im Spiel hatte, beispielsweise bei Riesling, Chardonnay oder Lemberger. Anzutreffen ist er heute aber kaum mehr. Neben Klassikern wie Gewürztraminer, Gelber Orleans, Portugieser und Roter Veltliner gibt es noch viele andere fast ausgestorbene Sorten, wie Fütterer, Putzscheere und Blauer Hängling.

Sie wieder in Kultur zu bringen, lässt sich nur mit dem passenden Winzer bewerkstelligen. Ein Laie kann sich kaum vorstellen, welchen Aufwand es allein schon bedeutet, auch nur Genehmigungen für diese teilweise fast nicht mehr existierenden Rebsorten zu bekommen. Eigentlich gehört Jochen Beurer mit seiner Familie an dieser Stelle ein Oscar verliehen.

Damit sie auch schnell tief wurzeln, setzte er die neuen Reben in die Begrünung. Im Handling ist das zunächst schwieriger, aber die Begrünung im Rebstück macht den Reben Konkurrenz. So müssen die Rebstöcke tief wurzeln, um an Wasser zu kommen, und je tiefer eine Rebe wurzelt – im Laufe der Jahrzehnte kann dies bis 20 Meter tief sein – desto mehr Extrakte und Vielschichtigkeit kann sie nachher in den Wein transportieren.

Mit dem Mond

Eine weitere Überlegung war, die Reben nicht am Drahtrahmen zu ziehen, wie wir es heute handhaben. Beurer und seine Mitstreiter entschieden sich für die alte Drei-Schenkel-Erziehung. Zum Rebenbinden werden Weiden geschnitten und geteilt, was enorm viel Arbeit bedeutet. Im Herbst werden wie früher im Gemischten Satz alle Trauben zum gleichen Zeitpunkt gelesen. Für eine größere Aromenausbeute gönnt Jochen Beurer den Trauben eine Kaltmaischestandzeit von circa drei Tagen. Ausgebaut wird der Wein in einem 300-Liter-Fass aus Holz. Heraus kommen circa 400 Flaschen – das ist auch der einzige Wermutstropfen: Mehr gibt es nicht.

Aus meiner Sicht ist der wichtigste Punkt aber, dass Jochen Beurer sich schon vor vielen Jahren für den biodynamischen Weinbau entschieden hat. So arbeitet er ganz mit der Natur und richtet sich mit dem Rebenschneiden und verschiedenen Arbeitsschritten nach den Mondphasen. Die

Weine werden ohne Reinzuchthefen vergoren und reifen in Holzfässern. Er lässt seinen Weinen Zeit. Sie müssen nicht nach einem halben Jahr fruchtig und nett daherkommen, sondern präsentieren sich charaktervoll und sehr langlebig.

Im „Museumswengert" spazieren inzwischen Hunderte von Menschen, sobald die Sonne scheint; der gemeinnützige Verein Allmende bietet Führungen und Events an. Auch für berühmte Leute wirkt dieses kleine Weinparadies wie ein Magnet. So ließ es sich der baden-württembergische Umweltminister Franz Untersteller nicht nehmen, einen Rosenbusch zu setzen; andere Prominente haben einen Pfirsichbaum oder andere Bäume gepflanzt. – Ich kann Ihnen nur empfehlen: nächster Halt Yburg mit anschließender Weinprobe im Weingut Beurer.

Stettens Wahrzeichen, die Yburg, welche im frühen 14. Jahrhundert von den Truchsessen in Stetten erbaut wurde

Winzerinnen und **Weinhoheiten**

Nicht zu unterschätzen!

Noch vor 15 Jahren war der Beruf des Winzers eine Männerdomäne – wie Fußball. Ging es Ihnen nicht auch so, dass Sie sich unter einem Wengerter einen wettergegerbten Landwirt mit verkrusteten Gummistiefeln vorstellten? Mittlerweile gibt es eine ganze Reihe von Mädels, die als Kellermeisterinnen und Winzerinnnen arbeiten. In der international hochangesehenen Kaderschmiede Geisenheim studieren zurzeit mehr Frauen als Männer Weinbau und Önologie! Es hat sich absolut gewandelt. Während die ersten Kellermeisterinnen noch eher burschikos wirkten, staunt man jetzt über die jungen fröhlichen Mädels, die mit einer Selbstverständlichkeit Traktor fahren oder sich dem Ausbau der Weine annehmen.

Die Vorzeigefrau par excellence ist für mich Cathrin Bihlmayer aus Löwenstein. Als älteste von vier Töchtern hat sie das elterliche Weingut übernommen und kümmert sich mit ihrem Mann Bernd um den Ausbau der Weine. Schwester Amelie betreut als gelernte Eventmanagerin die zahlreichen Veranstaltungen und den Weinverkauf.

Im Badischen gibt es die von mir hochgeschätzte Franziska Schätzle vom Weingut Schätzle in Schelingen. Die ebenfalls diplomierte Önologin war zum Studium und Sammeln praktischer Erfahrungen im Burgund, in Spanien und Neuseeland unterwegs. Anschließend errang sie als erste Dame den Titel „Jungwinzer des Jahres“. Sie hat sehr klare Vorstellungen von ihren Weinen und gehört für mich zu den ganz großen Künstlern!

Eine häufig gestellte Frage lautet, ob Wein von Frauen anders schmeckt. Ich würde mir nicht zutrauen, bei einer Blindverkostung zu sagen: Dieser Wein stammt von einer Kellermeisterin oder einem Kellermeister. Aber mein Eindruck ist, dass Weine, die von Frauen gemacht wurden, oft eleganter, schlanker und finessenreicher ausfallen. Auch die Etiketten sind meist verspielter gestaltet. Gerade muss ich etwas schmunzeln: Haben Sie mitbekommen, dass es in Baden eine transgender Weinprinzessin gibt? Aus dem Winzer Simon Maier wurde die Winzerin Simona Maier. Ihr Motto lautet: „Für alle, die es bunt lieben.“ Entsprechend sind auch ihre Etiketten gestaltet, der Secco Rosé beispielsweise heißt „Rosa Liebe“ – ein aufreizendes Pin-up-Girl mit großer Ähnlichkeit zu Simona ziert das Etikett –, und das Etikett „Bunte Liebe“ enthält ebenso viel Rosa und ein Einhorn.

Weinköniginnen – hübsche Dinger?

Bitte so etwas niemals verlauten lassen! Natürlich habe ich noch keine unansehnlichen Weinhoheiten kennengelernt, aber die Fähigkeiten und Qualitäten liegen wirklich ganz woanders. Viele der jungen Frauen studieren Önologie oder andere Fachrichtungen. Sie müssen Fremdsprachen beherrschen, Kompetenz ausstrahlen und natürlich gut aus dem Stegreif sprechen können. Es sind junge Frauen, die dynamisch und selbstbewusst auftreten. Die Wahl zur Deutschen Weinkönigin wird in jedem Jahr im Fernsehen übertragen. Es ist phänomenal, was für tolle Frauen sich dem Wettbewerb stellen. Intern – unter den Weinfachleuten – diskutieren wir schon, ob eine „Weinkönigin“ noch zeitgemäß ist. Der eine oder andere denkt vielleicht an Fasching oder nur an das Krönchen. Wir aber sehen sie eher als „Repräsentantin für den Deutschen Wein“! Die Weinköniginnen sind häufig international unterwegs. Zu überlegen wäre, ob man nicht einen zeitgemäßen Namen findet.

Deutsche Weinmajestäten 2019/20 – moderne, taffe Frauen

Weinadel

Vor einigen Jahren durfte ich mit dem SWR eine tolle Weinserie drehen: „Der Weinadel in Baden-Württemberg". Es war nicht nur schön, in den verschiedenen Burgen und Schlössern zu sein, das Projekt hat mir damals auch viele Einblicke in die Geschichte des Weins geschenkt. Weithin bekannt ist, dass es früher vor allem dem Adel und den Kirchen vorbehalten war, Wein zu machen, denn wer hatte als Normalverbraucher schon passende Ländereien für Weinbau oder die nötigen Keller? Wobei hinzugefügt werden muss, dass es oft ein „Halbpachtsystem" gab, bei dem der Weinbauer die Trauben produzierte. Es soll recht einträglich gewesen sein und war ein Produkt von längerer Haltbarkeit.

Unglaublich viel konnte Prinz Bernhard von Baden aus der Geschichte des Weins erzählen, vor allem wie seine Vorfahren den Weinbau und die verbundenen Weingesetze immer wieder beeinflussten. Tief beeindruckt hatte mich damals bei den Dreharbeiten auch, wie ein anderes adeliges Weingut von seinem Nachbarn erzählte. Ich brauchte etwas Zeit, bis ich es richtig verstand: Der Nachbar war das nächste blaublütige Weingut – und zwar in 70 Kilometer Entfernung.

Unterhalb des Schlosses Staufenberg gedeihen die Reben des Weinguts Markgraf von Baden

Weinerlebnis-Führer
in Baden-Württemberg

Literatur oder Kabarett, mit Segway oder Kutsche? Wer hätte gedacht, dass es rund um Wein so viel zu erleben gibt? Das Angebot der baden-württembergischen Weinerlebnisführer sucht seinesgleichen.

Der Startschuss fiel 2008. Da begann die Ausbildung der Weinerlebnisführer Württemberg, die das Weininstitut Württemberg und die Staatliche Lehr- und Versuchsanstalt für Wein- und Obstbau Weinsberg ausgetüftelt hatten. Viele Interessenten, die sich weiterbilden möchten, kommen von Weingütern und Genossenschaften. Aber genauso viele Auszubildende sind für das Angebot dankbar, weil sie mehr Hintergrundwissen erwerben wollen. Schließlich hat nicht jeder ein Weingut zuhause. So finden sie einen tollen Einstieg in die Branche. Der einzige Wermutstropfen: Die Ausbildung ist so gefragt, dass es inzwischen lange Wartezeiten gibt.

Von Flora bis Didaktik

Wer allerdings einen Platz ergattert, erhält in mehr als 150 Stunden eine umfassende Ausbildung in Themenschwerpunkten wie Weinbau, Kellerwirtschaft, Sensorik, Ökologie, Flora, Fauna, Weinbaulandschaften, Didaktik und Kommunikation. Renommierte Dozenten kommen von der Weinbauschule in Weinsberg, von der Hochschule Heilbronn oder vom Deutschen Weininstitut. Aber auch regionale Tourismusverbände und Betriebe der Weinwirtschaft bringen ihr Wissen an den Mann oder die Frau – wobei Letztere um einiges stärker vertreten sind, etwa drei Viertel der angehenden Weinführer sind weiblich.

Nach der Ausbildung wird das frisch erworbene Wissen in einer mündlichen und schriftlichen Prüfung abgefragt und mit einer umfassenden Hausarbeit vertieft. Immerhin 182 haben seit dem Beginn 2008 diese Prüfung erfolgreich bestanden. Unter ihrer Führung kamen alleine im vergangenen Jahr rund 55 000 Gäste in den Genuss toller Weinerlebnistouren.

Tour de Figur

Dass Theorie und Praxis so gut verzahnt sind, ist auf diesem Gebiet bisher einzigartig. So entsteht das perfekte Bindeglied zwischen Weinbau und Tourismus. Die Kandidaten kommen aus ganz unterschiedlichen Berei-

Weinguide Anna Maria begeistert mit ihrer offenen und strahlenden Art

chen, und entsprechend verschieden sind auch ihre Schwerpunkte. Elke Ott, sicher eine der bekanntesten Weinerlebnisführerinnen im Ländle, hat sich schon lange einen Namen im „Weinkabarett“ gemacht. Mit ihr können Sie in der Region Remstal und Stuttgart „Betreutes Trinken“ erleben, auf „Tour de Figur“ gehen oder sich „Sauberle!“ über die Weine der Region informieren und dabei Ihre Lachmuskeln strapazieren. Oder sich vielleicht auf einer Weinwanderung mit kleiner Weinprobe „Firlefanz und Handgreiflichkeiten“ aussetzen? Wenn das nicht neugierig macht, bitteschön, auch Martina Buck und ihre Planwagenfahrten am Neckar bei Lauffen erfreuen sich großer Beliebtheit, ob zum Thema Glühwein, „Wein und Poesie“ oder „Wein und Bibel“. Oder wie wäre es mit einer „Vor-der-Lese-Tour“ mit Bollerwagen? Vielleicht ist etwas Kulinarisches gefällig, mit Weinprobe und Drei-Gänge-Menü? Das bietet Martin Hahn.

Gut geführt und gut beraten

Im Badischen gibt es gleich zwei Angebote. Besonders aktiv sind seit 2007 die Weinguides Ortenau, für die sich vor allem das Weinparadies Ortenau e.V. in Kooperation mit der Volkshochschule Ortenau und der Kreisvolkshochschule Rastatt stark gemacht hat. Auch sie haben schon über 150 Weinguides ausgebildet. Über 40 davon nutzten darüber hinaus die Weiterbildung zum Berater für Deutschen Wein am Deutschen Weininstitut. Einmal im Jahr organisiert das Institut eine Lehrfahrt in eine Weinregion für alle Weinerlebnisführer aus der ganzen Republik.

In der Ortenau lassen sich Stadtführungen und Krimilesungen mit Wein verbinden. Auf dem jährlichen Ortenauer Weintag auf Schloss Eberstein können Sie sich umfassend von den Weinguides vor Ort informieren lassen.

Eine der Vorzeigedamen ist Doris Kist, die seit 2009 zahlreiche Events anbietet. Legendär sind ihre Weinveranstaltungen „Affentaler Frauenzimmer", die sich ganz und gar an Frauen richten. Darüber hinaus gibt es für alle badischen Weinbauregionen Erlebnisführer unter der Ägide der Badischen Weinstraße, sie verteilen sich praktisch über ganz Baden. Egal wo Sie wohnen, mein Tipp, liebe Leserinnen und Leser, trommeln Sie ein paar Freunde zusammen, fahren Sie in die Weinregion und kommen Sie auf Touren.

Önotourismus

Das neue Zauberwort!

„Önotourismus" heißt übersetzt „Weingutsbesuch". Die Weinwelt hat sich in dieser Hinsicht in den letzten Jahren um 180 Grad gewandelt. Schon lange reicht es nicht mehr aus, nur einen guten Wein zu machen. Die Weinliebhaber wollen heute auch die Weingüter besuchen – und dann dabei etwas Besonderes erleben. Verwöhnt sind wir dahingehend von Weingütern in Südafrika, Kalifornien, Neuseeland und andernorts. Wenn man zu den Weingütern in Übersee kommt, haben mittlerweile alle einen tollen Weinprobiershop. Gegen einen kleinen Obolus präsentieren sie meist drei bis fünf Weine zum Verkosten. Auch wenn man kein großer Weinkenner ist, sind die Besuche ein Erlebnis. Sie bieten neben Wein und Kochbüchern auch Klappstühle aus Fassdauben, Flip-Flops für Weingläser, Fahrradtrikots oder die Basketball-Kappe an.

Auch bei uns in Baden-Württemberg lassen sich die Winzer in dieser Richtung immer mehr Erlebnisse für die Weingutsbesuche einfallen. Viele Weingüter sind sogar am Samstag und teilweise schon sonntags geöffnet, was in Deutschland lange Zeit undenkbar war!

Am meisten imponiert mir, dass sie sich mittlerweile auch so modern und einladend präsentieren. Da wird viel mit Sichtbeton, Glas, verschiedenen Hölzern und mit typischen Gesteinen der Region gebaut. Bestehende Räume werden liebevoll in attraktive Vinotheken umgestaltet. Vielleicht haben Sie auch schon gesehen, dass die Winzer Rahmen mit den verschiedenen Gesteinsvorkommen (echte Erde) aufhängen. Bei jedem Schluck Wein können Sie dann regelrecht den Boden „erschmecken". Ich erzähle Ihnen auch nichts Neues, wenn ich Ihnen sage, dass ein Wein mit passendem Essen gleich nochmal so gut schmeckt. Können Sie sich erinnern, früher auf einem Weingut gegessen zu haben – und dann noch mit dem passenden Wein abgestimmt?

»Die Kunst ist zwar nicht das Brot, aber der Wein des Lebens.«

Jean Paul

Legen Sie los:

Genuss pur!

Sekt oder **Champagner**?

Eine prickelnde Entscheidung

Eine Frage wird mir immer wieder gestellt: Sekt oder Champagner? Für mich gibt es da keinen Zweifel. Qualitativ kann ein deutscher Sekt mit einem französischen Champagner mithalten – auch wenn es die Franzosen nicht gerne hören. Und mit dieser Überzeugung bin ich nicht alleine. Beispielsweise hat das Weingut Aldinger im Gault Millau 100 Punkte von 100 Punkten für den 2011er Brut nature erhalten! Das kann sich doch sehen – und schmecken – lassen.

Es gibt natürlich Unterschiede zwischen Sekt und Champagner, und das ist auch gut so. Beim deutschen Sekt legen wir viel Wert darauf, dass er von einer Rebsorte stammt. So soll der Sekt die Typizität eines Rieslings, Silvaners, Weißburgunders, um nur einige zu nennen, widerspiegeln. Bei einem Pinot hingegen dürfen die Kellermeister mit mehreren Rebsorten spielen. „Pinot" heißt übersetzt „Burgunder". Ein Pinot-Sekt kann von Weiß- oder Grauburgunder-, Chardonnay-, Auxerrois-, Schwarzriesling- (in Frankreich heißt er Pinot Meunier) oder Spätburgundertrauben sein. Es dürfen auch Trauben von mehreren Burgundersorten sein, denn hier darf der Winzer mehrere Burgundersorten als Cuvée ausbauen. So ist Champagner fast immer eine Cuvée. Ausnahme ist der Blanc de Blancs – wie der Name sagt: „Weißer aus weißen Trauben". Zu 98 Prozent besteht der gesamte Rebbestand in der Champagne aus Chardonnay, Spätburgunder und Pinot Meunier – letztere beiden sind rote Trauben.

Übrigens war die Cuvée die große Erfindung von Dom Pérignon, der eine möglichst konstante Qualität gewährleisten wollte. Der Benediktinermönch hieß eigentlich Pierre Pérignon und war für die Wirtschaftsbetriebe des Klosters Hautvillers zuständig. Auf ihn geht auch die Flaschengröße von 0,75 Liter zurück. Das war die Menge, die nach den Beobachtungen von Dom Pérignon ein männlicher Erwachsener im Durchschnitt beim Abendessen konsumierte. Ein Geheimnis beim Champagner ist, dass er zum Teil aus bis zu 40 verschiedenen Grundweinen hergestellt wird. Das ist die große Kunst des Kellermeisters. Wenn Sie sich auf eine sogenannte

Eine besondere Gelegenheit lässt sich nicht besser zelebrieren als mit einem guten Glas Sekt

Standardmarke wie das gelbe Etikett bei Veuve Clicquot oder den Brut Imperiale von Moët & Chandon eingeschossen haben, schmeckt der Flascheninhalt stets gleich – auch in fünf, zehn oder fünfzehn Jahren.
Die andere Erfindung des berühmten Mönchs aus der Abtei Hautvillers war weißer Wein aus roten Trauben. Er erkannte schon in der zweiten Hälfte des 17. Jahrhunderts, dass die roten Trauben einen weißen Saft ergeben, wenn sie sofort abgepresst werden. Das kontrollierte Prickeln kam allerdings erst später, das kann man Dom Pérignon nicht auf die Fahne schreiben.

Einen weiteren Unterschied machen die Hefe und auch die Hefelagerung. Die typische „Champagnerhefe" gibt dem Prickler einen Geschmack, der an Brioche und geröstete Haselnüsse erinnert. Zum Rieslingsekt passt die klassische Champagnerhefe nicht unbedingt, er imponiert eher mit seiner frischen lebendigen Art, die an Zitrusfrüchte und exotische Früchte erinnert. Die meisten Sekte gelangen bei uns recht schnell in den Verkauf. Das Gesetz schreibt vor, dass ein Qualitätssekt mindestens neun Monate auf der Hefe gereift sein muss. Beim Champagner geben die Kellermeister dem schäumenden Wein eher zwei bis drei Jahre Zeit auf der Hefe. Ein Cuvée Prestige wie „Dom Pérignon", „Sir Winston Churchill" oder „La Grande Dame", um nur die bekanntesten zu nennen, kommt frühestens nach sieben Jahren in den Verkauf. Entsprechend schmecken diese weiniger, burgundischer und gereifter – sie eignen sich auch wunderbar als Essensbegleiter.

Deutsche Pioniere in der Champagne

Der große Erfolg in der Champagne begann Mitte des 19. Jahrhunderts mit einer Gruppe junger Männer. Sie hießen Deutz, Mumm, Krug, Heidsick, Bollinger usw. Wie man sofort bemerkt, klingen die Namen alle sehr deutsch. Bei den meisten handelt es sich nämlich um Kaufleute, die in die Champagne gingen und die Gunst der Stunde nutzten, um Champagnerhäuser zu gründen.

Bei der Witwe Barbe-Nicole Clicquot aus dem Champagnerhaus Veuve Clicquot lag zwar alles in ihren französischen Händen, allerdings waren auch dort die wichtigsten Mitarbeiter immer wieder Deutsche.

Als im Jahr 1807 der Heilbronner Georg Christian von Kessler beim Champagnerhaus Veuve Clicqout als Buchhalter begann, ging es mit seiner Karriere zügig voran. Er wurde schließlich sogar Teilhaber der berühmten Champagnerkellerei mit der Option, das Unternehmen vollständig zu übernehmen. Doch es kam anders. Kessler kehrte nach Württemberg zurück und gründete im Jahr 1826 in Esslingen die erste deutsche Sektkellerei. König Wilhelm I. von Württemberg ließ es sich nicht nehmen, Kessler mit der „Großen Württembergischen landwirtschaftlichen Verdienstmedaille“ auszuzeichnen, denn Sekt galt zu dieser Zeit schon als außerordentliches Luxusgetränk und Kessler-Sekt wurde weit über die Grenzen des Landes hinaus exportiert.

Oft kopiert und flott besteuert

Bald entstanden in Deutschland weitere Sektkellereien nach dem Esslinger Vorbild, etwa Deinhard in Koblenz, Rotkäppchen in Freyburg an der Unstrut, Henkell & Cie. in Mainz sowie Söhnlein in Wiesbaden. Die Begeisterung der Deutschen für den Sekt machte sich auch Kaiser Wilhelm II. zu Nutze, als er im Jahr 1902 die „Sektsteuer“ einführte, um seine Flotte zu finanzieren. Wie es mit den Steuern so ist, erwies sich diese als sehr haltbar. Noch heute wird bei jeder gekauften Flasche Schaumwein in Deutschland 1,02 Euro Sektsteuer an den Staat abgeführt. Entsprechend mehr sind es bei einer Magnum-Flasche, da werden 2,04 Euro fällig. Das lohnt sich, denn bis heute sind die Deutschen die absoluten Weltmeister im Konsum von Schaumweinen. In keinem anderen Land wird das prickelnde Getränk mehr geschätzt als bei uns. Für den Fiskus ist das ein einträgliches Geschäft, so flossen im Jahr 2018 rund 378 Mio. Euro an Schaumweinsteuer in die Staatskasse.

Bis in die 1970er-Jahre gab es übrigens ein staatliches Sektmonopol, sodass es nur bestimmten Kellereien vorbehalten war, Sekt zu produzieren. Seit der Rechtsänderung haben die Winzergenossenschaften und Weingüter die Möglichkeit, Winzersekte anzubieten.

Immer beliebter werden vor allem die Rosésekte, insbesondere bei den Damen. Apropos – ich glaube ja, dass Frauen häufiger Sekt trinken als Männer. Ist es bei Ihnen zu Hause nicht genauso? Madame de Pompadour, die berühmte Mätresse des französischen Königs Ludwig XV., soll einmal gesagt haben: „Champagner ist das einzige Getränk, das die Frauen schöner macht, je mehr sie davon trinken." Gleiches lässt sich bestimmt für unsere Winzersekte sagen.

Aufwendige Sektherstellung – teilweise werden noch heute die Flaschen von Hand gerüttelt. Mit dem Manometer wird der Druck bei der Sektherstellung geprüft.

Wenn Sie demnächst wieder einmal zu einem Weingut oder einer Weingärtnergenossenschaft kommen, starten Sie Ihre Weinprobe mit einem Glas Sekt. Sie werden überrascht sein, welche Auswahl die Winzer zu bieten haben – und dabei sind Winzersekte auch noch viel günstiger als Champagner.

Apropos preiswert

Secco ist gerade das Zauberwort – ein Megatrend in Deutschland. Insgesamt sind sie leichter, unkomplizierter und haben weniger Kohlensäure, sie sind regelrecht konsumierfreudig.

Der große Unterschied zum Sekt ist, dass Kohlensäure zugesetzt werden darf. Früher hieß das „Perlwein", aber „Secco" klingt natürlich viel exotischer. Seit sich der italienische Prosecco so großer Nachfrage erfreut, haben die deutschen Winzer nachgezogen. Pfiffige Etiketten unterstützen das Image, dass es sich bei Secco um ein junges Produkt handle.

Ein weiterer Vorteil: Secco hat nur bis 2,5 bar Druck. Somit fällt keine Sektsteuer an, diese wird erst ab 3 bar Druck auf den Preis aufgeschlagen.

Pet Nat

Namenskürzel von Pétillant naturel

Übersetzt bedeutet es „natürlicher Prickler". Der Pet Nat findet weltweit immer mehr Verbreitung, vor allem bei ökologisch arbeitenden Winzern. Der Schaumwein wird nicht degorgiert, das heißt, er bleibt mit der Hefe in die Flasche. Die Hefe macht ihn trüb, verleiht ihm gleichzeitig einen besonderen Geschmack, und der Winzer kann aufgrund der Hefe auf Schwefel verzichten. Der erste Pet Nat ist durch Zufall an der Loire bei einem biodynamisch arbeitenden Winzer entstanden. Die natürlichen Schaumweine sind in aller Regel nur mit einem Kronkorken verschlossen.

Tipp: Wenn Sie die Hefe mögen (sieht aus wie bei einem Hefeweißbier), können Sie die Flasche vor dem Trinken einmal auf den Kopf stellen. Soll dagegen die Hefe nicht ins Glas, müssen Sie ganz vorsichtig einschenken, dann setzt sie sich am Flaschenboden ab.

Tipp

Ein Gläschen in Ehren

in Esslingen

Die Sektkellerei Kessler in Esslingen lohnt immer einen Abstecher. Man sitzt auf Europaletten – natürlich mit Kissen gepolstert – und kann in herrlichem Ambiente ein Glas Sekt genießen sowie einkaufen, tolle Verpackungen inklusive.

Wein**mixgetränke**

Jung, spritzig, kreativ mit wenig Alkohol

Sekt badisch – gelb/rot

- 0,1 l Sekt
- 1cl Sandornsaft
- 0,5 cl Macadamia Sirup
- Granatapfel

Den Granatapfel in mehrere Stücke teilen. Die Kerne lassen sich am besten in einer Schüssel mit Wasser ausspülen. Geben Sie einen Esslöffel Granatkerne in ein Sektglas – diese geben Crisp. Dann werden die restlichen Zutaten im Glas aufgefüllt. Mit einem Löffel einmal durchrühren.

Sekt – violett

- 0,1 l Sekt
- 1 cl Aroniasaft
- ¼ frische Mango

Sekt und Aroniasaft zusammen in ein Weinglas geben. Als Deko für das Glas eine Scheibe Mango schneiden, die restliche Mango klein würfeln und in den Sekt geben.

Prickelnde Grapefruit

- Frisches Leitungswasser
- 2 cl aromatisiertes Wasser mit Gurke und Zitronenmelisse
- 0,1 l Sekt
- 1 cl frisch gepresster Grapefruitsaft
- Eiswürfel
- 3 Gurkenscheiben
- 3 Blättchen Zitronenmelisse
- Eiswürfel

Füllen Sie in eine Karaffe frisches Leitungswasser und geben Sie einige Scheiben Gurken und ein paar Blättchen Zitronenmelisse dazu. Das aromatisierte Wasser schmeckt auch pur getrunken köstlich!

Nehmen Sie ein großes Rotweinglas und befüllen Sie es mit dem Sekt, mit dem frisch gepressten Grapefruitsaft und dem aromatisierten Wasser. Dann füllen Sie den Drink mit Eiswürfel auf, geben 3 Scheiben Gurken hinein und 3 Blättchen Zitronenmelisse obenauf.

Essenz von Gewürzorangen mit Sekt aufgefüllt

- Gewürzorangen-Essenz
- Orangenschalen
- 0,25 l Wasser
- 170 g Honig
- Glucose oder Reissirup 35 g
- 1 Zimtstange
- 1 Lorbeerblatt
- 2 Nelken
- Orangenspalten (für den fertigen Sirup)
- Sekt

Alle Zutaten zusammen aufkochen. Danach 35 ml Grenadinesirup zufügen. Die fertige Essenz absieben und abkühlen lassen. Bei der Orange schneiden Sie rundherum die Schale ab. Dann lassen sich mit einem Messer wunderbar die Orangenfilets heraustrennen. Die Essenz in ein Glas füllen, Filetstücke in den Sirup einlegen und mit Sekt auffüllen.

Aperitif

- 100 ml Mineralwasser
- 200 ml Sekt
- 2 cl Orangenessenz mit Orangenstücken
- Eiswürfel

Alle Zutaten in ein Sektglas geben und zum Schluss 3 Eiswürfel dazu geben.

Weißweincocktail

- 0,75 l Riesling
- 0,75 l Mineralwasser mit Kohlensäure
- 1 Limette
- 10 cl Sirup, selber gemacht (s. unten)
- 4 cl Gin
- Eiswürfel

Für den Sirup

- 100 g Zucker
- 200 ml Wasser
- 2 cm Ingwer in Scheiben geschnitten
- ½ Limette in Scheiben geschnitten
- 8 rote Pfefferkörner

Zu Beginn einen kleinen Topf für den Sirup aufstellen. Alle Sirup-Zutaten in den Topf geben und auf kleiner Hitze 20 Minuten köcheln lassen. Anschließend Ingwer, Limette und Pfeffer entfernen – am besten geben Sie den Sirup durch ein Sieb in ein Schraubverschlussglas. Im Kühlschrank hält sich der Sirup über einen längeren Zeitraum.

Für den Cocktail geben Sie Riesling, Mineralwasser und den Sirup in eine große Karaffe oder in eine Bowlenschale. Dann fügen Sie die Limette, in Scheiben geschnitten, und den Gin zum Aromatisieren sowie viele Eiswürfel hinzu.

Weincocktail mit Quitte

- 1 Flasche Grauburgunder
- 1 Flasche Mineralwasser mit Kohlensäure
- 10 cl Zimtlikör, selber gemacht (s. unten)
- 4 cl Quittenlikör
- Eiswürfel

Für den Zimtlikör

- 100 g Zucker
- 200 ml Wasser
- 1 langer Pfeffer
- 2 Zimtstangen
- 1 Vanilleschote
- 5 Zimtblüten

Die Zutaten für den Likör in einem kleinen Topf 20 Minuten köcheln lassen und anschließend durch ein Sieb geben und abkühlen lassen.

Alles in eine große Karaffe oder Bowlenschale füllen und an einem kühlen Ort 1 Std. ziehen lassen.

Exotischer Glühwein mit Sauvignon blanc

- 0,75 l Sauvignon blanc
- 2 dicke Scheiben Ananas – klein gewürfelt
- 1 Maracuja
- 1 cm Ingwer – klein gewürfelt
- 1 Lorbeerblatt
- 10 Kapseln Kardamom
- 10 Kugeln rosa Pfeffer
- 2 Sternanis
- 3 Nelken
- 6 Löffel Waldhonig

Gewürze in ein Säckchen geben. Wein mit allen Zutaten 15 Min. erhitzen, aber nicht kochen lassen. Zum Schluss Maracuja in der Mitte aufschneiden und die Maracujakerne mit einem Löffel in den Wein geben sowie die Ananasstücke zufügen.

Rosédrinks

Sommerschorle mediterran

- 1 Fl. Secco Rosé
- 1 Fl. Mineralwasser mit Sprudel
- 4 cl Pêche Mignon oder für Mutige „Absinth"
- 1 Bund Lavendel
- Eiswürfel mit Zitronenthymian

Alles zusammen in ein Bowlengefäß geben. Den Lavendelstrauß mit den Blüten in der Bowle befestigen.

Pink Grapfruit

- 0,75 l Roséwein
- 0,75 l aromatisiertes Wasser Zitronen-Limette
- 4 cl Schuss Haselnusssirup
- 2 cl Limettensaft
- 2 Grapefruits filetieren und einfrieren
- Eiswürfel
- Limettenscheiben

Roséwein, aromatisiertes Zitronen-Limettenwasser mit Haselnusssirup und Limettensaft in eine Karaffe oder Bowlenschale geben. Eiswürfel und gefrorene Grapefruitspalten hinzufügen.

Beim Einschenken eine Scheibe Limette als Garnitur ans Glas stecken.

Alkoholfrei – sehr raffiniert

Tonic à l'Orange

- 2 EL Wacholder-Orangen-Ingwer-Sirup (s. unten)
- ½ ausgepresste Orange
- 0,1 l Tonic Water
- 1 Orangenscheibe

Für den Sirup

- 12 getrocknete Wacholderbeeren
- 250 g Wasser
- 75 g Zucker
- ½ Orange in Scheiben geschnitten
- 1 cm frischer Ingwer in kleine Stücke geschnitten

Für den Sirup Wacholderbeeren mit Wasser, Zucker, Ingwer und Orangenscheiben eine Viertelstunde kochen. Dann Beeren herausnehmen, im Mörser zerstoßen und wieder in den Topf geben. Danach noch eine Viertelstunde köcheln. Anschließend durch ein Sieb laufen lassen und kalt stellen.

Alle Zutaten in ein großes Weinglas geben. Alternativ mit Alkohol: mit Pet Nat statt mit Tonic Water

Gurkenexplosion

- 5 cm frische Salatgurke
- Zitronenabrieb
- etwas Wasser
- 50 ml Seedlip (wood, spice & citrus)
- 150 ml Tonicwater
- dünne Gurkenscheiben
- Eiswürfel

Gurke schälen, weichen Mittelteil aushöhlen und wegwerfen. Gurke in dicke Scheiben schneiden, mit Zitronenabrieb und etwas Wasser pürieren (geht gut mit dem Zauberstab).

Gurkenpüree mit Seedlip, Tonicwater, dünnen Gurkenscheiben und Eiswürfeln in ein Rotweinglas geben. Voilà!

Drink „Barrique"

- 1 Vanilleschote
- 1 TL Rooibostee
- 300 g Wasser
- 700 g roter Traubensaft
- 1 TL Himbeeressig

Vanilleschote auskratzen und zusammen mit der Schale und dem Rooibostee im Wasser aufkochen und 5 Minuten ziehen lassen. Nach dem Abseihen mit Traubensaft und Himbeeressig vermischen.

Alkoholfreier Johannis-Pink

- 0,75 l Wild Berry Tonic
- 0,75 l roter Johannisbeersaft
- 4 cl Limettensaft
- Eiswürfel
- Johannisbeer-Rispen (eingefroren)

Wild Berry Tonic, roter Johannisbeersaft und Limettensaft in eine Karaffe oder Bowlenschale füllen, Eiswürfel und abgezupfte eingefrorene rote Johannisbeeren dazugeben – Letztere geben tollen Crisp.

Schön ist es, frische Johannisbeerenrispen auf einem Teller mit Zitronensaft zu beträufeln, dann durch Zucker zu ziehen und zur Deko ans Glas zu hängen.

Beerenprickler

- 2 cl Holunderbeerensaft
- 1 Schuss Himbeeressig
- 0,25 l Beeren Tonic
- Rosmarineiswürfel

Alles in ein großes Rotweinglas füllen. Mit Strohhalm servieren.

Feinherber Roter Holunder-Granatapfel-Drink

- Tonicwater
- 1 Schuss Holunderbeerensaft
- Frischer Granatapfel
- Streifen von Orangenschalen
- Getrocknete Orangenscheibe – frische Orangenscheiben lassen sich bei 100 °C im Ofen über 3 Stdn. trocken

Tonicwater in ein Weinglas geben. Einen Schuss Holunderbeerensaft hinzufügen.

Kerne vom frischen Granatapfel geben dem Drink etwas Crisp. Orangenschalen über dem Glas knicken, damit die ätherischen Öle in das Tonic kommen. Mit getrockneter Orangenscheibe dekorieren – alternativ kann es natürlich auch eine Scheibe einer frischen Orange sein.

Alle Getränke gekühlt genießen. Zum Wohle!

»Wo aber der Wein fehlt, stirbt der Reiz des Lebens.«

Euripides

Die Neckarschleife bei Mundelsheim

Rosé

Ungebrochener Trend seit über 10 Jahren

Ich muss ja immer wieder darüber schmunzeln, dass es auch beim Wein Trends gibt, ganz wie in der Mode- oder in der Automobilbranche. Manch einer unterschätzt das sehr.

Beim Thema Rosé reißt der Trend gar nicht mehr ab. Die Winzer und auch die Händler verzeichnen jedes Jahr noch mehr Nachfrage nach dem schillernden Wein. Ein württembergisches Weingut von stattlicher Größe erzählte mir, dass Rosé mittlerweile 25 Prozent seines gesamten Sortiments ausmache. Früher war Rosé oder Weißherbst eher ein Nischenprodukt – und hatte auch den Ruf, „nicht Fisch und nicht Fleisch zu sein".

Warum ist Rosé inzwischen so gefragt? Zum einen vermittelt der Wein Leichtigkeit und eine mediterrane Lebensart. Zum anderen passt er im Prinzip immer – ob solo oder zu den unterschiedlichsten Gerichten getrunken. Er ist ein echtes Universalgenie! Essenziell für diese positive Entwicklung ist die exzellente Qualität, die er heute hat.

Ausschließlich rote Trauben

Weltweit dürfen Roséweine nur von roten Trauben gewonnen werden. Ausnahmen sind die Württemberger Spezialität „Schillerwein" und in Baden der „Badisch-Rotgold". In beiden Fällen werden weiße und rote Trauben zusammen verarbeitet. Immer wieder gibt es von einem Winzer eine Auflage oder Sonderedition dieser Weine, aber so richtig Fuß fassen sie nicht mehr.

Ein Roséwein kann aus einer einzigen Rebsorte gewonnen werden oder aus mehreren unterschiedlichen Rotweinsorten. Damit er seine schillernde Farbe erhält, belässt man den Saft über mehrere Stunden mit der Maische. Dabei gelangt die Farbe aus den Traubenschalen in den Most.

In letzter Zeit sprechen die Winzer immer öfter von der „Saignée-Bereitung". Dabei wird bei

Mediterranes Lebensgefühl – Sommer pur!

der Rotweinbereitung ein Teil vom Saft abgezogen, während die Trauben über Tage oder Wochen eine Maischegärung machen. Der abgezogene Saft wird dann als Rosé weiterverarbeitet. Verwendet wird nur Ablaufmost, da die Trauben in diesem Fall nicht gepresst werden.

Œil de Perdrix – das Rebhuhnauge

Œil de Perdrix galt lange als Vorbild für die ideale Farbe eines Weißherbstes, als dieser mehr gefragt war als heute. Nach wie vor wird allerdings immer noch heiß darüber diskutiert, ob der Roséwein in der Farbe eher etwas heller oder dunkler sein sollte. Das hängt natürlich auch ein bisschen mit der Rebsorte zusammen, ein Lemberger bringt nämlich von Natur aus eine viel intensivere Farbe mit als beispielsweise ein Spätburgunder.

Rosé beim Abfüllen – diese Weine sollten möglichst jung getrunken werden

Beerenfrucht – Frische – Lebensfreude

Ein guter Rosé sollte sich fruchtig, frisch und animierend präsentieren, sodass man die Flasche unbedingt austrinken möchte. Das entspricht dem aktuellen Zeitgeist: Die Weine sollen nicht so kompliziert, anspruchsvoll, schwer oder mit Barrique ausgebaut sein, sondern sich leicht trinken lassen. Umgekehrt müssen diese Weine auch so jung wie möglich konsumiert werden – idealerweise im ersten Jahr nach der Lese.

Vor einigen Jahren hatten die Weißherbste oftmals das Problem, dass sie sich sehr süß und pappig präsentierten. Dazu muss unbedingt angemerkt werden, dass die Qualität lange nicht an die heutige heranreichte. Selbst nicht mehr ganz so gesunde Trauben wurden einstmals durchaus noch für die Weißherbstbereitung verwendet. Ein Rotwein würde aus solchen Trauben kein brillantes Rot erbringen, er würde eher bräunlich ausfallen. Heute hingegen werden nur noch kerngesunde Trauben verarbeitet. So bestechen sie mit Glanz und feinfruchtigem, beerigem Duft, sie präsentieren sich klar und sauber. Ein solcher Wein darf bei einem Sommerfest nicht mehr fehlen!

Blanc de Noirs in Baden und Württemberg

„Weißer aus Rot“ – das hat sich zu einem regelrechten Geheimtipp entwickelt. Gerade in Württemberg gibt es seit jeher mehr rote Trauben als in allen anderen deutschen Weinregionen. Da liegt es nahe, dass sich die Württemberger Winzer viel mit dem Blanc de Noirs beschäftigen. Die Blanc de Noirs präsentieren sich immer als leichte, feinfruchtige Weine mit milder Säurestruktur.

Gewürzexplosion

Die Württemberger Spezialität Muskattrollinger entwickelt sich rosé ausgebaut gerade zum absoluten Publikumsmagneten. Das intensive Aroma, das an Gewürze wie frisch geriebene Muskatnuss, Nelken und Lorbeer erinnert, macht den Roséwein zu einem absoluten Erlebnis.

Orangewine, die neue Weinfarbe

Zurück zu den Wurzeln!

Tonamphore – älteste Ausbauart

Unter Weinliebhabern wird der „Orangewine“ derzeit als Zauberwort gehandelt. Endlich wieder was Neues? Jein. Was als Experiment gilt, ist eigentlich der Ursprung des Weinausbaus.

Was bedeutet eigentlich „Orangewine“, dieses Wort, das neuerdings durch die Weinszene geistert? Weiße Trauben werden nach der Lese nicht sofort abgepresst, sondern verbleiben über einen längeren Zeitraum zusammen mit dem Saft. Das kennt man vom Rotwein als Maischegärung. Ursprünglich geschah dies in Amphoren schon vor Tausenden von Jahren. Einige Winzer aus Baden-Württemberg haben kräftig in die Tasche gelangt, und sich eine solche Tonamphore – sie gehen ungefähr bis zur Hüfte und fassen meist 600 Liter – geleistet. Andere Winzer lassen die Trauben mit Saft in einem Holzfass gären. Durch den langen Maischekontakt bekommen die Weißweine eine intensive Farbe, die oft regelrecht ins Orange- oder Bernsteinfarbene geht.

Der Geschmack wird natürlich ganz wesentlich von den Traubenschalen und Traubenkernen beeinflusst, die Weine werden sehr viel phenolischer (gerbstoffbetonter). Die Hauptidee ist: nichts hinzuzufügen, keine Reinzuchthefen und keinen Schwefel. Gerade Letzteres war bis vor wenigen Jahren noch undenkbar. Wurde der Schwefel doch benötigt, um die Weine haltbar zu machen und vor Oxidation zu schützen.

„Orange" – die neue Weinfarbe

Was Neues von anderswo

Das Vorbild für die Experimente unserer Winzer kommt aus Georgien. Weinbau soll es dort schon seit 6000 Jahren geben, das wäre der älteste Weinbau der Welt. Traditionell bauen die Georgier tatsächlich nach alter Manier ihre Weine mit der Maische in den sogenannten „Qvevri" aus, Amphoren aus Ton. Der Wein wird anschließend keiner Behandlung unterzogen, durchläuft also keine Schönung, er wird nicht filtriert oder geschwefelt. Ist das auch für die Weine im Ländle interessant? Absolut! Denn dadurch kommt wirklich ein neues Geschmackserlebnis zustande. Die Weine fallen in der Regel sehr trocken, weniger fruchtig und recht gerbstoffbetont aus. Um ehrlich zu sein, leicht trinken sie sich nicht, jedenfalls nicht für mal eben nebenher. Zum Essen aber schmecken sie interessanter, und natürlich wird es spannend herauszufinden, wie lange sich solche Weine halten.

Naturwein

Markant und eigenwillig

Ich würde jetzt wetten, dass Sie gerade bei einem Besuch in einer angesagten Weinbar in Berlin oder Paris zu 90 Prozent einen Naturwein ans Herz gelegt bekämen. Naturweine sind gerade hipp! Naturwein ist noch ein bisschen etwas Neues und klingt natürlich super. Allerdings sind die Weine sehr eigenwillig – meist nicht fruchtig und nett, sondern eher kantig und von der Hefe geprägt. Leider gibt es dabei sehr viele fehlerhafte Weine. In den letzten Jahren wurden Reinzuchthefen entwickelt, um klare und fruchtige Weine auszubauen, und am Schwefel derart getüftelt, dass er heute nur noch in geringer Dosis eingesetzt werden muss. Wenn auf all das verzichtet wird, können bei den Weinen Nachgärungen einsetzen oder häufiger auch Fehltöne entstehen wie beispielsweise „flüchtige Säure", bei der der Wein dann nach Essig riecht.

Was bedeutet Naturwein?

An erster Stelle muss gesagt sein, dass es keine exakte gesetzliche Definition bezüglich Ausbau, Schwefel usw. gibt. Ganz überwiegend sind es Weißweine, wenn es um das Thema „Naturwein" geht. Es können aber auch Rosé-, Rot- oder Süßweine sein. Die Idee ist, den Wein so natürlich wie möglich in die Flasche und entsprechend in den Verkauf zu bringen. Der Kellermeister verzichtet auf Schönungen und Reinzuchthefen. Letztere können Sie sich in Pulverform vorstellen. Wenn Reinzuchthefen zugegeben werden, geht die Gärung relativ zügig in zwei bis drei Wochen vonstatten. Bei unseren Großvätern war es üblich, dass man den Most ohne Zugaben gären ließ, denn auf den Traubenschalen sitzen natürliche Hefen, aber dazu braucht es gute Nerven. Bei einer „Spontangärung" kann es passieren, dass die Gärung bei kühleren Temperaturen stoppt. Was macht man aber mit einem Rotwein, der noch 40 Gramm Restzucker hat? Teilweise fangen die Weine bei wärmeren Temperaturen später wieder zu gären an. Es kann sich bis zu einem Jahr hinziehen, entsprechend schmecken die Weine anders und haben auch eine ganz andere Stilistik.

Wenn man beim Weißwein die Trauben nicht gleich abpresst wie gewöhnlich, sondern über mehrere Wochen oder Monate mit dem Saft belässt, also eine längere Maischegärung hat, bekommen die Weine eine kräf-

tige phenolische Struktur. Wie muss man sich dies vorstellen? Der Wein hat Biss – etwa so, wie wenn man auf die Traubenkerne beißt. Die phenolische Struktur gibt die Möglichkeit, einen Wein zum Teil ohne Schwefel abzufüllen. Per se klingt „ohne Schwefel" immer ganz gut, aber es ist wirklich eine regelrechte Kunst, einen Wein ohne Schwefel stabil zu machen. Im Normalfall würde er ohne Schwefel schnell oxidieren, und dann ist er ungenießbar, schmeckt nach Sherry oder bei Rotweinen sehr marmeladig. Eigentlich ist es Unsinn, dass der Schwefel immer so verteufelt wird. Einen vielfach höheren Schwefeleinsatz als beim Wein haben wir bei getrockneten Früchten, Nüssen oder Kartoffeltrockenerzeugnissen. Beim Naturwein liegt es im Ermessen des Winzers, er kann auch Schwefel oder Schönungen anwenden. Auf alle Fälle ist es ein Thema der ökologisch arbeitenden Winzer. Manche Kellermeister experimentieren bei diesen Weinen mit Amphoren, mit Betoneiern oder auch mit Holzfässern. Eine Tankgärung wäre auch erlaubt.

Geschmacklich

Ein Naturwein ist auf keinen Fall everybody's Darling. Meist sind die Weine nicht klar, weil sie ja nach Möglichkeit nicht geschönt wurden. Wenn die Weißweine eine Maischegärung haben, tritt die Frucht in den Hintergrund und die Weine wirken stattdessen markant, würzig, eigenwillig. Überwiegend werden diese Weine auch knochentrocken ausgebaut. Sie haben also eine ganz eigene Stilistik. Spannend kann es sein, wenn Sie den Wein in eine Karaffe geben, damit er Luft bekommt, und ihn nicht zu kühl servieren. Oftmals werden solche Weine auch erst nach zwei oder drei Tagen in der Karaffe etwas charmanter und zugänglicher.

In Baden und Württemberg wird mit diesen Weinen bisher hauptsächlich noch experimentiert, etwa im Weingut Abril in Bischoffingen, bei Hubert Lay in Ihringen oder im Weingut Siglinger in Weinstadt. Seit vielen Jahren setzt sich der Verband EcoVin stark für das Thema „Naturwein" ein.

Cuvées

Tatsächlich die Königsklasse?

Welche sind die Königsklasse, Cuvées oder rebsortenreine Weine? Daran scheiden sich die Geister. Ich persönlich finde ja, alles zu seiner Zeit: Einen wunderbaren Spätburgunder oder Lemberger aus einer Toplage möchte ich nicht missen. Aber eine dunkelfarbige Rotweincuvée mit südländischem Charakter ist mindestens genauso reizvoll.

Vive la Vorbild

Manche denken bei Cuvée noch skeptisch an Edelzwicker – bitte nicht, denn das ist Schnee von gestern. Die Cuvées sind heute mitunter die teuersten Weine auf den Preislisten. Die Kellermeister nutzen dabei die Möglichkeit, ihren Weinen noch mehr Vielschichtigkeit zu verleihen. So sagt ein Winzer aus Bordeaux beispielsweise, dass der Cabernet Sauvignon dem Wein das Rückgrat, die Strenge und die Tanninstruktur verleihe. Der Merlot bringt das Weiche und die feine süßliche Art und der Cabernet Franc die Frucht und das Subtile. Zum Abrunden darf es dann noch ein wenig Petit Verdot oder Malbec sein. Die berühmten Bordeauxweine werden übrigens immer als Cuvée angebaut, und sie gelten seit jeher als großes Vorbild für großen Rotwein. Auch in anderen Regionen Frankreichs wie an der Rhone oder im Languedoc werden die Weine meist als Cuvées ausgebaut. In Spanien und den meisten italienischen Regionen gilt das als Selbstverständlichkeit. In jeder Hinsicht sind die Cuvées eine perfekte Ergänzung zu den reinen Rebsortenweinen.

Wunderwerke, Spitzenpreise

Vor allem junge Winzer in Deutschland machen mit Neuzüchtungen dunkelfarbige, moderne Rotweine. Meist werden sie dann zusätzlich noch mit einem pfiffigen Etikett und Namen versehen. Eine der ersten exzellenten Cuvées brachte das Weingut Seeger aus Leimen vor knapp 30 Jahren auf den Markt. „Anna", eine Cuvée aus 30 Prozent Spätburgunder, 35 Prozent Lemberger und die restlichen Anteile aus Blauem Portugieser und Schwarzriesling, galt damals sogar als richtig revolutionär. Dieser Mix entsprach so gar nicht mehr dem damals typischen Rotwein. Belohnt und bestärkt wurde Thomas Seeger durch zahlreiche Auszeichnungen, er

In Deutschland finden mittlerweile auch die roten Traubensorten ideale Bedingungen

stand beispielsweise mehrmals auf dem Siegertreppchen beim Deutschen Rotweinpreis.

Während vor einigen Jahren Dornfelder als wahres Wunderwerk gesehen wurde, setzen viele Winzer in Württemberg mittlerweile mehr auf die neuen Weinsberger Rebsorten: Cabernet Dorsa, Cabernet Mitos, Cabernet Cubin und Acolon. In Baden findet der Regent noch starke Verbreitung. Sie alle haben den großen Vorteil, dass sie sehr farbintensive Rotweine mit mächtigem Körper, ja regelrecht südländischem Charakter hervorbringen. Allerdings stellt sich die Frage: Brauchen wir in Deutschland auch noch einen Acolon- oder Regent-Wein? Aus meiner Sicht nicht. Aber als Cuvéepartner eignen sie sich hervorragend. Dementsprechend erzielt das Staatsweingut Weinsberg mit seinen Cuvées wie „Traum“ oder „Traumzeit“ Spitzenpreise. Die neuen Rebsorten vertragen sich auch gut mit dem leichteren und eher heller gefärbten Spätburgunder sowie mit Portugieser oder Schwarzriesling. Und manche Winzer haben nur kleine Mengen von Syrah oder Merlot, die sie mit den anderen Sorten zusammenbringen können.

Gibt's das auch in Weiß?

Ohne Frage gehören die deutschen Rieslinge zu den besten der Welt. Aber auch hier gibt es hervorragende Ergänzungen durch außergewöhnliche Weißweincuvées. Ich erinnere mich noch gut, wie Karl Heinz Johner in Vogtsburg-Bischoffingen 1993 die erste Weißweincuvée aus Weißburgunder und Chardonnay kreierte. Der Weißburgunder gab dem Wein die florale und etwas kernige Art, während der Chardonnay Körper und Schmelz beisteuerte. Heute bieten ganz viele Weingüter eine solche Cuvée an. Für die Gastronomie war es damals ein richtiger Geniestreich – ein sensationeller Essensbegleiter zu allen Butter- und Sahnesoßen oder zu Pilzen.

In den letzten Jahren begegnen mir aber auch immer mehr Sommercuvées – leichte frische Weißweine mit einer schönen Aufmachung. Da können die Kellermeister auch wieder mit dem zu Unrecht geschmähten Müller-Thurgau, mit Kerner oder auch mit Muskateller arbeiten. Die etwas bukettreicheren Sorten werden eigentlich gerne getrunken, aber wegen der Sortennamen auf dem Etikett nicht bestellt. Wann haben Sie Ihren letzten Müller-Thurgau oder Gewürztraminer gekauft? Heute steht auf Etiketten aber durchaus mal „One Zaiß fits all … trocken", wie beim Weingut Sebastian Zaiß aus Illingen-Schützingen, oder einfach „Lust auf Weiß" – ein Biowein – beim Weingut Rieger in Buggingen.

Cuvée – wie geht das eigentlich?

Der Name kommt von cuve (französisch, Weinbottich) und bezeichnet eine qualitätsvolle Mischung. In der Regel wird jede Rebsorte separat gelesen, da sie ja auch zu unterschiedlichen Zeitpunkten reif werden. Anschließend werden die Weine getrennt im Stahltank oder Holzfass ausgebaut. Die Kunst des Kellermeisters besteht nun darin, sie optimal miteinander zu verbinden.

Die größten Cuvée-Weinfässer in Deutschland stehen im Heidelberger Schloss mit 127 000 Litern, in Bad Dürkheim gibt es ein Riesenfass mit einem Fassungsvermögen von 1 700 000 Litern und in Freyburg (Unstrut) in Sachsen-Anhalt eines mit einem Fassungsvermögen von 120 000 Litern. Letzteres stammt aus dem Jahr 1896.

Tipp

Dekantieren

Früher wurden die Weine viel öfter dekantiert – also in eine Karaffe umgefüllt – als heute. Allerdings hat man sie damals über viele Jahre im Keller reifen lassen, während man jetzt hauptsächlich Konsumweine kauft, die schon jung getrunken werden. Für eine längere Lagerung müssen die Weine natürlich genügend Substanz und Extrakte haben.

Im Laufe der Jahre findet bei den Rotweinen eine Polymerisation statt. Die Tannine im Wein, die aus Schalen, Stielen und Kernen der Trauben stammen, verbinden sich mit der Zeit, werden schwerer und setzen sich ab. Es schaut ein bisschen aus wie beim Kaffeesatz. Je nachdem wie viel „Depot" sich beim Rotwein oder auch beim Portwein entwickelt, ist es sinnvoll, den Wein zu dekantieren.

Im Idealfall lagern Sie Ihren Wein mit dem Etikett nach oben, dadurch kann sich das Depot unten absetzen. Den Wein sollten Sie dann sehr vorsichtig behandeln, sodass das Depot nicht aufgewirbelt wird. Es macht durchaus Sinn, die Flasche vor dem Öffnen 24 Stunden hinzustellen, denn auf diese Weise setzen sich die Rückstände ebenfalls am Boden ab. Über einer Lichtquelle (am besten mit einer Kerze), dank der man sieht, wenn die Schwebeteilchen kommen, können Sie den Wein vorsichtig in die Karaffe umgießen. Sobald das Depot auftaucht, stoppen Sie den Vorgang und haben den klaren Wein in der Karaffe. Wenn ein bisschen Depot ins Glas gelangt, können Sie den Wein einfach in ein anderes Glas umgießen.

Grundsätzlich ist das Depot nichts Schlechtes, ich kannte einen Journalisten, der hat sich das „Herz vom Wein" morgens zum Rührei servieren lassen.

Dekantieren – kein Hexenwerk

Tipp

Wichtig zu wissen

Ein sehr reifer Rotwein darf keinesfalls zu früh dekantiert werden. In der Karaffe nimmt der Wein Sauerstoff auf und öffnet sich. Teilweise fallen gereifte Weine auch schnell in sich zusammen. Wenn der Wein über zwanzig Jahre alt ist, würde ich ihn kurz vor dem Trinken vorsichtig in eine schmale Karaffe umgießen.

Karaffieren

Umgekehrt kann es bei einem jungen Wein – weiß wie rot – durchaus sinnvoll sein, ihn in eine Karaffe umzugießen. Dazu benötigen Sie keine Lichtquelle, denn junge Weine haben in der Regel noch keine Ablagerungen. Wenn Sie den Wein in eine Karaffe mit einem breiten Boden umfüllen, was für eine möglichst große Oberfläche sorgt, nimmt er Sauerstoff auf. Letzteres löst eine Oxidation aus, und nach zwei Stunden schmeckt der Wein wie zwei Jahre länger gereift.

Nicht nur schön für das Auge, auch gut für die Belüftung eines jungen Weins

Grill & **Wine**

Eine heiße Sache

Nie zuvor wurde so gerne und so viel gegrillt wie heute. Die jungen Leute treffen sich mehr denn je zu Hause, und dabei ist Grillen oder Beefen richtig angesagt. Wobei „Grillen“ deutlich untertrieben ist – es wird geräuchert und gesmokt, viele backen mittlerweile sogar auf ihrem Grill. Das Ergebnis kann sich sehen lassen. Meine Freundin, eine Jägerin, hat eine Rehkeule zwei Tage lang in Rotwein mit Ingwer und rotem Pfeffer eingelegt und anschließend gegrillt. Es blieb dabei nicht bei einer Flasche Lemberger … Oder wer hätte früher eine Entenbrust oder ein Spanferkel auf den Grill gelegt? Aber mittlerweile werden ja auch Austern geräuchert oder Desserts auf dem Grill zubereitet.

Mit Grillaromen schmecken Rotweine gleich nochmal so gut …

Perfekter Grillwein

Wenn es um den passenden Wein geht, gibt es beim Grillen zwei ganz unterschiedliche Ansätze. Bei Würstchen und Nackensteaks mit verschiedenen Salaten würde ich immer zu einem unkomplizierten Wein greifen – oder auch gerne zu einem Bier. Was bedeutet „unkompliziert“? In Deutschland sind heute 90 Prozent aller Weine Konsumweine und somit in der Regel fruchtig, nett, ohne Ecken und Kanten. Ein Wein, den man aufzieht und einfach genießt, ohne groß das Glas schwenken zu müssen oder zu dekantieren. Solche Weine haben nicht zu viel Säure, nicht zu viel Tannin, eher ein bisschen Süße. Spontan würde ich da an einen Rosé denken.

Der Wein kann aber auch das Grillgericht heben und umgekehrt natürlich das Essen den Wein. Im Barrique gereifte Weine ergänzen sensationell die Grill- und Räucheraromen. Meist dominiert immer noch Fleisch auf dem Grill, da kommen die kraftvollen Rotweine so richtig zum Zuge. Cabernet Sauvignon, Merlot und Syrah sind

Weingenuss kann heute so unkompliziert sein

regelrechte „Fleischweine" – und diese gibt es heute natürlich aus dem Ländle. Nebenbei bemerkt: ein kräftiges Stück Fleisch wird mit einem Rotwein viel bekömmlicher.

Viele junge Winzer setzen auch auf pfiffige Etiketten. Wenn es dann auch noch eine nette Geschichte zum Wein gibt, macht das Ganze nochmal so viel Spaß.

Gemüse, Kräuter & Wein

Immer mehr junge Verbraucher verzichten gerne auf Fleisch. Vegetarisch und vegan ist angesagter als je zuvor. Dazu muss auch bemerkt werden, dass die Gerichte und Rezepte viel pfiffiger und attraktiver denn je sind. Der Gemüseteller mit totgekochtem Gemüse ist lang schon passé. Heute wird beispielsweise mit geröstetem Sesam, Sojasauce oder Chilliöl aromatisiert und gewürzt. Mit dem passenden Wein kommen sensationelle Geschmacksexplosionen zustande. Vor allem kräuterig-frische Weißweinsorten wie Müller-Thurgau (auch als Rivaner bekannt), Silvaner, Sauvignon blanc, Weiß- und Grauburgunder machen in dieser Verbindung richtig Freude.

Idealerweise ergänzen sich die Aromen des Weines mit den Aromen des Essens. Ein Sauvignon blanc duftet oft wie frisch geschnittenes Gras und grüne Paprika. Mit frischen Kräutersalaten, einer Ratatouille oder einem Gemüseauflauf mit Paprika bekommt er eine magische Wirkung. Sie werden feststellen, dass Sie Ihr Glas doppelt so schnell austrinken.

Ein guter Müller-Thurgau zeigt sich schlank mit feinen floralen Aromen. Er ist ideal zu Salaten, Lauchgemüse oder mit Spinat.

Ein bisschen mutiger ist es, zu aromatischen Asia-Wok-Gerichten auch einmal einen Bukettwein einzusetzen. Wann haben Sie das letzte Mal einen Gewürztraminer oder Muskateller getrunken? Mit ihrem intensiven Bukett – oft in Verbindung mit etwas Restsüße – sind sie gerade nicht ganz en vogue. Mit Curry, Sojasauce und Gewürzen wie zum Beispiel Kardamom, Kreuzkümmel, Zitronengras oder Ingwer kann ein solcher Wein grandios gut schmecken!

Im Barrique gereifte Weißweine benötigen eher eine kräftiger zubereitete Speise, beispielsweise gegrilltes Gemüse, oder Gerichte, die mit einer kräftigen Sahnesauce versehen sind. Dann werden auch solche kraftvollen Weine richtig spannend.

Tipp

Rotweinflecken

Rotweinflecken gehören bei mir zum Alltag, dementsprechend viele Tipps habe ich schon dazu bekommen. Um es vorneweg zu sagen: Salz ist keine gute Lösung. Viel besser ist es, den Fleck gleich mit Mineralwasser zu behandeln. Anschließend geben Sie einen Weißwein mit möglichst viel Säure auf den Fleck und wiederholen das gegebenenfalls öfter. Zum Abschluss sollten sie die Kleidungsstücke wie gewohnt waschen.

Dessertweine

Muss den Süßes Sünde sein?

Gehören Sie auch zu der Fraktion, die einen süßen Wein weit von sich weist? Ertappt? Vielleicht wird sich das bald ändern, denn die frohe Botschaft lautet: Süßer Wein zum richtigen Zeitpunkt ist einfach nur himmlisch.

Ich gebe ja zu, dass es zwischen süß und süß große Unterschiede gibt. Aber wenn ich an dieser Stelle von süß spreche, dann meine ich damit jene lieblichen Tropfen, die „Dessertweine" heißen. Vor rund 130 Jahren gehörten die süßen deutschen Weine zu den teuersten der Welt. In einem Pariser Restaurant oder einem Londoner Weinfachgeschäft bezahlte man damals für eine Flasche „Rheinwein" so viel wie für sechs Magnumflaschen Château Lafite Rothschild. Das war auch die Zeit, in der Bordeauxweine unter der Bezeichnung „Claret" liefen. Sie waren klar und heller in der Farbe, und mit dem Schwefel konnte man noch nicht so gut umgehen. Deshalb waren diese Weine oft nach einem Jahr Essig. Ganz anders verhielt es sich mit den Rheinweinen. Die waren goldfarben und schmeckten süß wie Nektar. Mit dieser Süße, Säure und in dieser Konzentration waren sie schier unendlich haltbar. Leider setzte sich in Deutschland der Trend durch, auch Kartoffeläcker mit Reben zu bepflanzen. Das eher spröde Ergebnis machte man anschließend mit Süßreserve gefällig – da ging es leider auch mit dem Weltruhm zu Ende. Heute gibt es aber wieder großartige edelsüße Weine und ihre internationale Fangemeinde wächst rasch. Die Preise liegen sehr hoch, was aber bei der winzig kleinen Ausbeute nachvollziehbar ist.

Was heißt eigentlich edelsüß?

Die Gewinnung edelsüßer Weine wird schwieriger. Die Winzer arbeiten mittlerweile das ganze Jahr hart daran, dass nur gesunde Trauben hängen bleiben. Bei einer Auslese, Beerenauslese oder Trockenbeerenauslese sind erst im Herbst die nötigen Voraussetzungen gegeben: Die Trauben müssen eine hohe

Goldfarbener Dessertwein

Reife besitzen, dürfen keine Graufäule (negative Fäulnis) haben, sollen aber die „Edelfäulnis", in der Fachsprache *Botrytis cinerea,* bekommen. Diese macht die Traubenschalen mürbe, das Wasser verdunstet und der Saft wird konzentriert. Das Faszinierendste daran ist allerdings, dass auch eine chemische Veränderung stattfindet. Unter anderem bilden sich Glyzerin, Gluconsäure und Aromastoffe wie das Sotolon. Das verleiht den Weinen ein Aroma, das an Karamell und Ahornsirup erinnert, bei höherer Dosis an Curry und Liebstöckel. Je nachdem wie hoch die Öchslegrade sind, werden die Weine dann als Beerenauslese oder darüber hinaus als Trockenbeerenauslese ausgewiesen.

Eiskalt und einzigartig

Sogenannte Eisweine benötigen wirklich eiskalte Temperaturen. Die Trauben müssen nicht nur eine hohe Öchslegradation aufweisen, sondern müssen bei minus sieben Grad gelesen werden. Meist gibt es diese Temperaturen erst im Dezember oder Januar mitten in der Nacht bei Vollmond. Das hat schon etwas Mystisches. Auf der anderen Seite müssen die Trauben so spät im Jahr (oder sogar im neuen!) noch gesund sein. Die Besonderheit der deutschen Dessertweine liegt darin, dass sie so leicht im Alkohol sind. Oftmals liegen sie zwischen nur 7 und 10 Volumenprozent. Zum Vergleich: Ein Vin Santo, Sauternes oder Tokajer bringt es meist auf 14 bis 15 Volumenprozent Alkohol.

Im Ländle wird gerade viel getüftelt. Junge Winzer versuchen sich an Süßweinen nach dem Vorbild des Portweins. Das heißt, noch während der Gärung wird dem Most ein hochprozentiger Alkohol zugegeben. Die Gärung stoppt dann, der Wein behält seine Süße, aber natürlich ist er alkoholisch gehaltvoller. Zum Teil lassen die Winzer diese Weine dann noch im kleinen Eichenholzfass (Barrique) reifen, um dem Wein Vielschichtigkeit und Würze zu verleihen.

Auf die Begleitung kommt es an

Oft höre ich die Frage, ob ein süßer Wein nicht zu süß zum Dessert sei. Das Gegenteil ist der Fall. Süße und Süße heben sich gegenseitig auf. Es fasziniert mich immer wieder, wenn ich einen Dessertwein zunächst vor dem Dessert trinke und dann nochmal einen Schluck zum Dessert probiere. Auf einmal kann der Wein ganz trocken wirken. Wäre er deutlich weniger süß als der begleitende Nachtisch, könnte er in der Verbindung ausgezogen, klein und karg schmecken.

Wer zur Geburt des Kindes oder zu einer besonderen Gelegenheit übrigens einen Wein mit langer Lebensdauer sucht, der liegt bei den deutschen Edelsüßen goldrichtig. Eine Beerenauslese oder Trockenbeerenauslese aus einem guten Jahrgang kann 50 Jahre und noch älter werden. So ein gereifter Wein schmeckt nicht nur zum Dessert, sondern auch ganz himmlisch zu Leberpastete, zu Käse – vor allem zum Blauschimmelkäse –, zur Zigarre oder auch mal nur so.

Für die Eisweinernte muss man sich in jedem Fall warm anziehen

Wein & **Schokolade**

Göttliche Verbindung

Württemberg war schon immer Schokoland

Eszet-Schokoladeschnitten sind einfach Kult! Der Stuttgarter Konditor Ernst Staengel stellte zusammen mit Karl Ziller 1857 die erste Eszet-Schokolade her. Die dünnen Scheiben auf dem Frühstücksbrötchen sind köstlich! Oder denken Sie an eine der berühmtesten Schokoladenfabriken überhaupt: Rittersport, die ihren Sitz in Waldenbuch hat. Sehr hochwertige Schokoladen – man kann ihnen einfach nicht widerstehen – kommen von Kevin Kugel in Sindelfingen. Einer meiner persönlichen Favoriten ist die Schokoladenmanufaktur von Eberhard Schell in Gundelsheim, er kreiert die Schokoladen regelrecht zu den Weinen. Auf der Rückseite seiner edlen Verpackungen steht immer die passende Weinempfehlung zur jeweiligen Schokolade. Beispielsweise hat Eberhard Schell eine „Barrique"-Schokolade entwickelt, die barriquegereifte Weine exzellent zur Geltung bringt. Ein wahres Feuerwerk ist seine Schokolade „Umami", die mit Zitruszesten und Salzblumen extra für Riesling ausgetüftelt wurde.

Wein & Schokolade – lange Zeit ein „No-Go"

Man mag es ja kaum glauben, aber jahrzehntelang wurde den Sommeliers gepredigt, dass Wein und Schokolade auf keinen Fall miteinander harmonieren! Einzige Ausnahme war dabei der rote Dessertwein Banyuls aus Südfrankreich. Dieser Wein aus dem Roussillon riecht und schmeckt schon wie flüssige Schokolade. Wenn Sie dann auch noch einen lauwarmen Schokoladenkuchen dazu probieren, werden Sie begeistert sein. Unsere Winzer im Ländle produzieren mittlerweile ähnliche Schokoladenweine, indem sie den Rotwein während der Gärung mit einem hochprozentigen Destillat abstoppen. Der Wein behält dann eine wunderbare Süße – und er wärmt mit jedem Schluck von innen.

Schon vor 25 Jahren war ich persönlich überzeugt, dass die Kombination Wein und Schokolade gigantisch lecker sein kann. So habe ich erst angefangen, zu Schokoladendesserts Ruländer-Beerenauslesen oder Trockenbeerenauslesen zu reichen. Im Übrigen

Weiße Schokolade passt meist sehr gut zu Weißwein, dunkle Schokolade wird mit einem kraftvollen Rotwein zu einem unvergesslichen Erlebnis

passen rote Portweine – oder unsere neuen abgestoppten Rotweine – auch ganz exzellent dazu. Süße Weine können Sie idealerweise in kleinen 0,375-Liter-Flaschen kaufen. Wenn eine solche Flasche einmal geöffnet ist, sollten Sie diese allerdings innerhalb von ein oder zwei Wochen auch trinken, es wäre nämlich schade, wenn der Wein oxidieren würde, er riecht und schmeckt dann ein bissl wie Pflaumenmus. Im Winter eignet sich so ein Glas süßer Wein auch herrlich als Aperitif – vielleicht haben Sie sogar einen offenen Kamin, an dem Sie ihn genießen können?

Doch jetzt bin ich ganz weggekommen von der Schokolade. Die ersten Kombinationen habe ich gemeinsam mit einem Koch gezaubert. Er bereitete tolle Gerichte mit etwas Schokolade zu, und diese waren richtig klasse zum Wein: etwa Rehrücken in dunkler Schokoladensauce und dazu einen Merlot.

Heute Trend

In den letzten Jahren kam das Thema „Wein und Schokolade" immer mehr auf. Dazu muss natürlich gesagt werden, dass zu dieser Zeit auch die hochwertigen Schokoladen in Deutschland den Markt eroberten. Wenn Sie eine der populären Industrieschokoladen nehmen, ist diese meist nicht unbedingt zum Wein gedacht. Vollmilchschokoladen und besonders solche mit viel Zucker werden besser pur, zum Kaffee oder zur warmen Milch gegessen. Die hochwertigen Schokoladen dagegen bringen oft einen höheren Kakaoanteil mit und entsprechend weniger Zucker. Da ich die dunklen Schokoladen vorziehe, habe ich auch schnell herausgefunden, dass Rotweine, die im Barrique gereift sind, besonders gut dazu passen. Bei Weißweinen und Schokoladen war ich anfangs ziemlich skeptisch. In dieser Beziehung hat mich der Chocolatier Eberhard Schell überzeugt – vor allem mit seiner „Umami"-Schokolade! Zu Grauen Burgundern gehen Schokoladen mit Nüssen ganz hervorragend. Weiße Schokoladen, habe ich festgestellt, harmonieren eher mit edelsüßen Weinen.

Mittlerweile bin ich zu einem der größten Fans von Wein und Schokolade mutiert. Unvergesslich wird mir immer bleiben, wie ich nachts von einer Veranstaltung nach Hause kam. Meine Schwägerin Erika war zu Besuch und saß noch mit meinem Mann in der Küche. Da wollte ich einmal die Probe aufs Exempel starten: Ich hatte eine dunkle Schokolade mit frischem Thymian und dazu den für mich absolut passenden Rotwein aus dem Languedoc. Dazu muss festgehalten werden, dass wir drei ganz selten Schokolade essen und eher Weißwein trinken. Sie werden es nicht glauben, die Schokolade war in ungefähr drei Minuten aufgeputzt, und die Weinflasche war zehn Minuten später auch leer. Es war in dieser Kombination einfach ein gigantisch harmonisches Geschmackserlebnis, sodass wir immer wieder einen Schluck Wein und noch ein Stück Schokolade nehmen mussten. Selten habe ich erlebt, dass eine Schokolade den Wein um drei Etagen nach oben katapultiert wie in diesem Fall.

Seither suche ich immer wieder nach neuen und ebenso tollen Kombinationen – immer wieder mit großem Erfolg! Ich kann Ihnen versichern, dass ich seither trotzdem nicht zugenommen habe. Gerade bei den dunklen Schokoladen reichen ja schon kleine Mengen aus, um einen schnellen Sättigungsgrad zu erreichen. Wenn ich Seminare zu Wein und Schokolade gebe, merke ich jedes Mal, dass das Weinglas in einer solchen Verbindung viel schneller ausgetrunken wird. Dazwischen machen wir manchmal eine Gulaschsuppe zur Stärkung.

Göttlich

Der lateinische Name der Schokolade, „Theobroma cacao" – übersetzt „der Kakaobaum" –, bedeutet „Speise der Götter". Beim Wein war es ähnlich, denn die Römer und Griechen bezeichnen ihn als göttlich. Daher wurde bei den Griechen Dionysos beziehungsweise bei den Römern Bacchus als Gott des Weines verehrt.

Wie der Wein enthält auch die Schokolade Polyphenole. Diese Antioxidantien gelten als sehr gesund, sie schützen vor allem vor Zellschädigungen und wirken entzündungshemmend. Zudem muss man die positiven Effekte der Omega-3-Fettsäuren erwähnen, die das schlechte LDL-Cholesterin senken und das gute HDL-Cholesterin unterstützen. Sie kommen in der Kakaobohne vor und sind deshalb besonders stark in den dunklen Schokoladensorten vertreten. Weithin ist ja zweifellos auch bekannt, dass Schokolade glücklich macht! Sie enthält nämlich die Aminosäure Tryptophan, aus der Serotonin gebildet wird – das Glückshormon. Und dass ein Gläschen Wein sehr entspannend wirken kann, brauche ich Ihnen gar nicht erst zu erzählen; also ran an die Schokolade und den Wein ...

Gut**edel** und Trollinger

Ein Hoch auf die leichten Weine!

Möchten Sie manchmal einfach nur ein Gläschen Wein trinken? Ohne passendes Essen, ohne Gedöns und am liebsten mit wenig Alkohol? Mein Geheimtipp: unsere regionalen Schmankerl, Gutedel und Trollinger.

Hand aufs Herz: Wenn Sie spätabends nach Hause kommen, und noch ein bissel mit Ihrem Partner oder Ihrer Partnerin plauschen, möchten Sie dann nicht auch noch ein Gläschen dazu trinken? Gutedel oder Trollinger eignen sich ideal als „Bettkantenschlückle". Ehrlich, leicht, bekömmlich, ja selbst wenn Sie gemeinsam die Flasche austrinken, geht es Ihnen am nächsten Tag gut.

„Der Markgräfler"

Oft habe ich überlegt, warum die italienischen Weine bei uns so erfolgreich sind. In der Regel sind sie unkompliziert, trocken ausgebaut, sie sind leicht und enthalten weniger Säure. All diese Attribute gelten auch für den Gutedel. Durch seine späte Traubenreife kann er selbst in sehr heißen Jahrgängen 11,5 Prozent Alkoholgehalt erreichen. Mit seiner geringen Säure ist er dabei stets bekömmlich. Natürlich muss er jung und frisch getrunken werden. Auch wird kein großer Wein mit Spätlesequalität und Barriqueausbau aus ihm. Aber solche wunderbaren Alltagsweine suchen wir doch ständig.

Gutedel lässt sich sehr gut solo trinken, zum Vesper und zum Feldsalat mit gehackten Nüssen. Wenn im Herbst die Nüsse reifen, werden im Markgräflerland die besten Linzer Torten gebacken. Und der Gutedel mit seinem wunderbaren Nuss- und Mandelduft schmeckt dazu einfach köstlich, das ist und bleibt mein Highlight. Nur schade, dass er im Ländle nur im Markgräflerland angebaut werden darf. In den nördlichen Weinbauregionen wie Sachsen und SaaleUnstrut wird er auch kultiviert.

Die Markgräfler Spezialität: Linzer Torte und Gutedel – unvergesslich köstlich!

Ein Wein, ein Land

Der Gutedel ist meines Wissens die einzige Rebsorte, die einer ganzen Region ihren Namen verlieh. Als gegen Ende des 19. Jahrhunderts der Markgraf von Hachberg-Sausenberg die ersten Rebenstecklinge vom Genfer See ins Südbadische brachte, war man so begeistert von dem Gewächs, dass man es sogar als sogenannten reinen Satz anbaute. Üblich war zu dieser Zeit nämlich der gemischte Satz, also ein Sortengemenge. So wuchsen im Rebberg Traminer-, Silvaner- und Burgunder-Reben nebeneinander und wurden auch gemeinsam gelesen und ausgebaut. Der neue rebsortenreine Wein – er wurde Markgräfler genannt – erfreute sich schnell so großer Beliebtheit, dass die Region den Namen erhielt. In der Schweiz heißt er Fendant oder Chasselas und gehört zu den teuersten und hochwertigsten Weinen. Im Elsass bekommen Sie ihn ebenfalls unter der Bezeichnung Chasselas, dort gilt er aber als Wein für jeden Tag.

Spannenderweise können wir bei den Reben heute den genetischen Fingerabdruck nehmen! So wissen wir, dass der Gutedel zu den ältesten Rebsorten zählt. Experten gehen sogar davon aus, dass er schon im alten Ägypten erfolgreich angebaut wurde. Bei einem Spaziergang durch die Reben erkennen Sie ihn leicht an seinen großen Beeren, die sich auch zum Essen hervorragend eignen.

Wolpertinger

Das war ein bisschen gemein: für eine Weinserie im SWR haben wir auf der Straße ein paar Passanten das Mikrofon hingehalten und gefragt, was ihnen spontan zum Trollinger einfällt. Tatsächlich rutschte einem Polizisten, der sich später als großer Weinkenner entpuppte, spontan „Wolpertinger" heraus! Wie Sie sich denken können, wurde es zum „Brüller" und wir haben es oft gesendet.

Ähnlich wie der Gutedel ist auch der Trollinger fast ausschließlich in Württemberg anzutreffen und entsprechend unbekannt bei vielen Weingenießern außerhalb von Baden-Württemberg. Zugegeben, der Trollinger entspricht nicht ganz dem typischen Rotwein. Eine Heilbronner Winzerin sagte mir einmal, der Trollinger sei kein Rotwein, sondern ein roter Wein. Also eher hellfarbig. In Spanien würde er gar als Rosado, sprich als Roséwein, durchgehen, weil Rosados oft sehr dunkel daherkommen.

Trollinger – der perfekte Vesperwein

Ein Hüttenrenner

Trollinger entwickelt meist ein sehr fruchtiges Bukett, das an Beeren erinnert. Er enthält wenig Tannin, etwas frischere Gerbsäure und weniger Alkohol. Aber wie schon erwähnt, ist er dafür sehr bekömmlich. Man kann ihn eigentlich zu jeder Tages- und Nachtzeit trinken. Ich mag ihn am liebsten zwei Grad kühler als üblich, bei circa 16 Grad, dann schmeckt er noch fruchtiger und frischer. Wenn Sie einen Trollinger beim nächsten Picknick in ein nasses Handtuch einschlagen, hält er diese Temperatur länger. Servieren Sie dazu ein Vesper, eine regionale Spezialität wie Kutteln oder genießen Sie ihn einfach „pur", er dient praktisch als eine Allzweckwaffe. In Südtirol ist er deshalb der Renner. Wenn Ihnen auf einer Hütte der Geschmack von Vernatsch oder Kalterersee oder Sankt Magdalener bekannt vorkommt, ist das keine Täuschung – dahinter steckt immer der Trollinger. Nomen est omen – Tirollinger!

Trotz seines unkomplizierten Gemüts benötigt der Trollinger im Rebberg sehr anspruchsvolle Lagen. Durch seine späte Reife braucht er sonnenverwöhnte Rebhänge. Aber wie beim Gutedel bleibt auch in heißen Jahrgängen der Alkoholgehalt eher moderat, und auch er will jung getrunken werden.

Gutedel war schon im alten Ägypten bekannt

Weinreste

Tipp

Es gibt die Faustregel, dass eine geöffnete Weinflasche sich am besten hält, wenn sie kalt gestellt wird. Wenn allerdings nur noch eine kleinere Pfütze in der Flasche ist, macht es wenig Sinn. Bei zu viel Luft in der Flasche oxidiert der Wein schnell. Dann ist es sinnvoller, den restlichen Wein als Eiswürfel einzufrieren.

Sie können mit einem solchen Eiswürfel Ihr Mineralwasser aromatisieren oder ihn beim Kochen verwenden. Bei Gemüse, wie zum Beispiel Rosenkohl, Wirsing oder Rotkohl, gebe ich immer etwas Wein hinzu. Die feine Säure des Weines gibt dem Gemüse immer einen ganz besonderen Geschmack.

Feder**weißer**

Herbstlicher Genuss

Zum Herbst gehört natürlich unbedingt ein neuer Süßer! Denn was gibt es Schöneres als neuen Süßen mit frisch gebackenem Zwiebelkuchen und dann vielleicht auch noch in einer Straußenwirtschaft?

„Federweißer“ nennt man in Deutschland den frischen Traubenmost, der am Anfang der Gärung noch süß ist und im Laufe einer Woche anfängt zu blubbern. Der Fruchtzucker der Trauben wird von den Hefen in Alkohol und Kohlensäure umgewandelt. Der Most erhält eine weißliche Farbe, die Hefeteilchen werden aufgewirbelt wie kleine Federn, daher kommt wohl der Name. Wenn Sie den Federweißen in den Kühlschrank stellen, bleibt er länger süß und hält sich bis zu zehn Tagen. Bei Zimmertemperatur gärt er weiter und wird „kretziger“.

„Suser“ oder „Sauser“ wird von weißen wie von roten Trauben hergestellt. Zu Beginn des Herbstes werden hierfür gerne die früh reifenden Sorten verwendet. Auf den Märkten wird heute von hiesigen Winzergenossenschaften oder Winzern immer öfter „süßer Wein“ angeboten. Die Flaschen dürfen natürlich nicht fest verschlossen werden, damit die Kohlensäure entweichen kann. Ein bisschen Vorsicht gilt es beim Genießen des Sausers mit Zwiebelkuchen walten zu lassen, denn beides sorgt für eine gute Verdauung.

Zur Erntezeit ein „muss“ – neuer Süßer

Köstlich zum Federweißen schmecken Flammkuchen und Zwiebelkuchen

Strauße, Straußi oder Besen?

Den Ausdruck „Strauße" findet man eher im Badischen, „Besen" ist eher typisch für Württemberg. Manche Weingenießer kennen aus anderen Regionen die Begriffe „Häckerwirtschaft" oder „Buschenschank". An Gemütlichkeit und guter Laune sind sie nicht zu übertreffen. Bis zu 16 Wochen im Jahr dürfen die Winzer oder Wengerter Haus, Keller, Küche oder Scheune öffnen, um ihre Kunden mit eigenen Weinen und einfach hergestellten Speisen zu verwöhnen. Eine Konkurrenz zur Gastronomie sollen sie nicht herstellen.

Ich kenne so einige Besen, die regelrechten Kultstatus besitzen! Mit viel Glück bekommt man zumindest eine Pobacke auf die Bank – eng und kuschelig ist normal. In manchen Straußis wird musiziert, in anderen erzählt der Winzer so herrliche Witze, dass Sie noch drei Tage Muskelkater im Bauch haben – vom vielen Lachen. Spontan fällt mir dabei gleich Lothar Maier in Schwaikheim ein.

Einige junge Winzer gestalten auch ihre Besenwirtschaften moderner und schicker. Sehr edel wirkt das umgebaute Leissium vom Weingut Leiss in Gellmersbach oder das Weingut Knauss mit der tollen Terrasse vom Sonna Besa in Weinstadt.

Glühwein

Wärmender Winterzauber

Früher war ich immer etwas hin- und hergerissen – einerseits gehört der Glühwein einfach zwingend zum Weihnachtsmarktbesuch, andererseits hatte ich nach dem zweiten Schluck meist schon genug. Das hat sich in den letzten Jahren vollkommen gewandelt. Auf den Weihnachtsmärkten gibt es immer öfter sogenannte Winzerglühweine. Das heißt, der Wein kommt vom Weingut oder von der Winzergenossenschaft und wurde auch dort schon mit Gewürzen angesetzt. Während früher hauptsächlich Rotweine aus Tunesien und Zypern Verwendung fanden – meist mit viel Zucker versetzt –, kommen heute Spätburgunder, Trollinger, Dornfelder oder auch Lemberger von ganz erstaunlicher Güte zum Einsatz, die dann mit frischen Zitrusfrüchten, Zimtstangen, Nelken und Honig vorsichtig erhitzt werden. Diese Qualität schmeckt man.

Weiß, Rosé? Auf jeden Fall neu

Immer öfter bieten die Winzer auch Glühwein von Weiß- oder Roséweinen an, eine wirklich wunderbare Alternative. So manchem Genießer bekommen sie sogar besser. Die Winzer tüfteln in diesem Bereich die schmackhaftesten Kombinationen aus, beispielsweise würzen sie weißen Glühwein mit Ingwer und Sternanis. Der Fantasie sind natürlich keine Grenzen gesetzt. Auch im Handel wächst das Angebot. Im Weingut reichern die Kellermeister ihren Wein mit Gewürzen an, wie Zimt, Lorbeer, Kardamom, Wacholder oder Nelken. Die festen Bestandteile werden zuletzt herausgefiltert, und das Ganze wird in peppige Flaschen abgefüllt. Solche Glühweine müssen später nur noch vorsichtig erwärmt werden, und wenn Sie einmal einen solchen probiert haben, werden Sie nur noch widerwillig auf die billigen Alternativen zurückgreifen. Aber ob nun auf dem Weihnachtsmarkt oder zuhause, immer gilt: Ein guter Glühwein darf nicht gekocht, sondern nur leicht erhitzt werden.

Woher nehmen?

Den größten Überblick über die Winzerglühweine bietet das Internet. Auf der Seite des Deutschen Weininstitutes gibt es rund 30 Vorschläge allein zu Baden-Württemberg. Zu meinen derzeitigen Favoriten gehört beispiels-

Glühwein – mit einem guten Wein und selbstgemacht – überzeugt jeden Weingenießer

weise „I love Monrepos“ vom Weingut Herzog von Württemberg. Auf dem Weihnachtsmarkt im Schloss des kürzlich ums Leben gekommenen Herzogs Friedrich in Friedrichshafen hatte er quasi Kultstatus. Nachdem die Nachfrage stetig stieg, entschloss man sich, die schmackhafte Mischung auf die Flasche zu bringen. Die Verkaufszahlen von mehreren Tausend Flaschen bestätigt die Qualität. Und die Cuvée von Spätburgunder mit Trollinger ist auch mit einem hübschen Etikett versehen. Aber ebenso kann ich Ihnen den Gengenbacher Glühwein „Adventskalender“ (nebenbei: den Gengenbacher Weihnachtsmarkt muss man gesehen haben!) und den ökologischen Glühwein „Bioterra“ vom Weingut Zähringer in Heitersheim ans Herz legen. Auch diese beiden sind wärmstens zu empfehlen.

Wer hätt's gedacht?

Auch noch gesund ...

Wer gern Glühwein trinkt, muss kein allzu schlechtes Gewissen haben. Die Gewürze im Wein können durchaus positiv auf den Organismus wirken. Ein paar Beispiele:
Zimt: gut gegen Völlegefühl, regt im Körper die Verdauungssäfte an und soll aphrodisierend wirken
Kardamom: sowohl appetitanregend als auch hilfreich bei Blähungen
Nelken: wirken antibakteriell und verdauungsfördernd

Alles frisch

Wussten Sie schon, dass auf dem Christkindelsmarkt in Baden-Baden streng darauf geachtet wird, dass keine Fertigprodukte verwendet werden? Die Winzerglühweine sind dort eine Selbstverständlichkeit.

Glühweinrezepte
Meine Favoriten, selbst gemacht

Klassisch rot

- 1 Bio-Zitrone
- 1 Bio-Orange
- 1 l Spätburgunder
- 3 TL Honig
- ½ Zimtstange
- 3 Gewürznelken
- 3 Kardamomkapseln
- Muskatnuss

Zitrone und Orange waschen, von der Orangenschale einige Streifen abschälen und beiseitelegen. Beide Zitrusfrüchte würfeln und zusammen mit allen Zutaten außer Muskatnuss und Orangenschale langsam erwärmen. Die Streifen der Orangenschale über dem Glühwein knicken, damit die ätherischen Öle (Geschmacksträger) in den Wein gelangen, und ebenfalls zugeben. Mit etwas frisch geriebener Muskatnuss abschmecken.

Weißer Glühwein

- 2 Bio-Orangen
- 750 ml Weißwein
- 250 ml Traubensaft
- 3 Sternanis-Kapseln
- 6 Zimtblüten
- 1 Zimtstange
- 1 Lorbeerblatt
- 2 cl Weinbergpfirsich-Likör
- 2–3 EL Honig
- wenn vorhanden
  2 Blätter Muskatblüte

Die gewaschenen Orangen würfeln und zusammen mit den anderen Zutaten langsam erhitzen. In hitzebeständige Gläser oder Tassen geben.

Rosa Glühwein mit Rosen und Ingwer

- 1 cm Ingwer
- 1 l Roséwein
- 10 naturbelassene Rosenblätter
- 4 Kardamomkapseln
- 8 rosa Pfefferkörner
- 2–3 EL Honig

Ingwer schälen und klein würfeln. Zusammen mit den anderen Zutaten langsam erhitzen und servieren.

»Schade, dass man einen Wein nicht streicheln kann.«

Kurt Tucholsky

Weinerlebnis

Das perfekte

Blumige **Weinsprache**

Alles nur Fantasie?

Manch einer schaut mich amüsiert an, wenn ich erzähle, dass der Wein im Glas vom Duft her an Ananas, Minze und Zitrone erinnert. Wenn Sie jetzt denken, dass sei eine sehr subjektive Geschichte, muss ich Sie leider enttäuschen. Der Geruch eines Weines kann ganz objektiv ermittelt werden. Zum einen gibt es die Gaschromatografen, zum anderen die Weinexperten. Dazu gehört einfach Training. Sie können natürlich nur jene Düfte wiedererkennen, die Sie auch kennen. Ein bisschen ist es vergleichbar mit einem Computer: Sie können nur abrufen, was Sie vorher eingegeben haben. Also riechen Sie zu Hause bewusst an Ihrem frischen Obst und Gemüse, und prägen Sie sich die wunderbaren Düfte ein.

Sommelierwettbewerbe

Um die besten Sommeliers zu ermitteln, führen wir immer wieder Sommelierwettbewerbe durch. Diese beinhalten ganz unterschiedliche Anforderungen – Weinempfehlungen, Service am Gast, fehlerhafte Weinkarten, Fragebögen rund um das Thema Weingeschichte, Weinbau und Kellertechnik. Einer der wichtigsten Bestandteile des Wettbewerbs ist selbstverständlich die Blindverkostung. Dabei muss der Kandidat oder die Kandidatin nicht nur Jahrgang, Rebsorten und Herkunft des Weines herausfinden, sondern auch den Wein beschreiben. Die Jury probiert den Wein vor und legt fest, welche Aromen im Wein erkannt werden müssen. Sobald der Prüfling diese Aromen beschreibt, erhält er seine Punkte. Ich sage Ihnen, es funktioniert hervorragend!

Kostbar – der Geruchssinn

Die Aussage, dass der Geruchssinn als ältester Sinn gilt, hat mich anfangs etwas verwirrt. Aber stellen Sie sich jetzt ganz frühe Lebewesen auf der Welt vor. Diese hatten damals zwei wichtige Aufgaben: Fressen finden und

Mit ein bisschen Übung lassen sich Weine wie bei einem Profi verkosten

nicht gefressen werden. Den größten Teil des Gehirns nahm der Geruchssinn ein. Heute hingegen gibt es im Alltag so gut wie kaum mehr Situationen, bei denen wir riechen müssen. Es sei denn, Sie machen sich wieder die Mühe zu riechen, ob ein Produkt beispielsweise verdorben ist.

Persönlich halte ich den Geruchssinn für eine ganz wichtige Fähigkeit des Menschen – und zwar nicht nur, um die Aromen eines Weins in ihrer Vielfalt zu riechen und auszukosten. Beim Start ins Leben hat er sogar eine Fundamentalfunktion. Säuglinge können nach der Geburt zwar noch nicht gut sehen, aber ihre Fähigkeit zu riechen ist bereits vorhanden. Den Weg zur Mutterbrust weist ihnen der Geruch der Muttermilch, sie folgen ihm und finden so ihre Nahrungsquelle. Auch später ist der Geruchssinn bei der Nahrungsauswahl eine große Hilfe. Bevor der Geschmackssinn den Rezeptoren im Gehirn wichtige Signale gibt, sendet bereits der Geruchssinn und warnt beispielsweise vor verdorbenen Lebensmitteln. Ob uns ein Mitmensch sympathisch ist, hängt nicht zuletzt ebenfalls davon ab, ob wir ihn – im übertragenen Sinn – „riechen" können. Deshalb sollte der Geruchssinn bewusst trainiert werden.

Tipp

Geruchsinn trainieren

Das Erkennen von Gerüchen lässt sich wunderbar mit der Familie ausprobieren oder mit Freunden. Dabei ist es witzig, den anderen die Augen zu verbinden und ihnen verschiedene Produkte unter die Nase zu halten. Wer erkennt die Ananas, die Pfefferkörner oder frische Minze? Das kann ein kleiner Wettbewerb sein. Etwas professioneller wirkt es, die frischen Produkte in schwarze Gläser, Kaffeetassen oder kleine Schüsselchen zu geben. Anschließend werden diese mit Alufolie abgedeckt, die man in der Mitte einritzt, damit man dort die Nase hineinstecken kann. Ich markiere die Tassen gerne mit kleinen Klebern und nummeriere sie durch. So können alle Freunde und Familienmitglieder für sich notieren, was es ihrer Meinung nach ist, also beispielsweise: Nr. 3 ist Zitrone etc.

Noch professioneller ist es, ein frisches Produkt in einem Wein ziehen zu lassen. Danach wird es abgeseiht und den Mitverkostern zum Erkennen gereicht. Aromaraten beim Wein. Es sind wirklich einprägende Erfahrungen!

Sinn oder Unsinn?

Im Lauf der vielen Jahre habe ich die Erfahrung gemacht, dass man Wein trinken oder Wein bewusst genießen kann.

Wie könnte sich sonst ein junger Sommelier behaupten? Er kann es nur, weil er die Weine sehr aufmerksam verkostet. Probieren Sie es aus, wenn Sie die Aromen im Wein erkennen wollen, werden Sie ihn schon ganz anders verkosten.

Aromen erkennen

Fachleute arbeiten einen Wein seriell ab: Zuerst versucht man die Fruchtaromen zu analysieren – grüne Frucht, Zitrusfrucht, tropische Frucht, getrocknete Früchte … um nur einige zu nennen. Dann folgen blumige Aromen, pflanzliche Aromen, Gewürze. Riecht er karamelisiert, rauchig oder ganz anders?

Idealerweise riechen Sie den Wein erst einmal – ohne das Glas zu schwenken. Dann schwenken Sie es, die Oberfläche des Weines bricht auf, und es strömen Ihnen noch mehr Düfte entgegen. Eine große Hilfe kann ein Aromarad sein. Sie können es beispielsweise beim Deutschen Weininstitut anfordern (info@deutscheweine.de). Wenn Sie alle Aromen ablesen, können Sie diese abarbeiten: Riecht der Wein nach Ananas, ja oder nein? Nach Kirsche, Birne, Apfel usw.? In jedem Fall ist es empfehlenswert, den Geruchssinn im Alltag wieder zu trainieren, indem Sie bewusst an Bananen, Kaffeebohnen oder Paprika riechen. Oder machen Sie mit Ihrer Familie oder Freunden einen Aromen-Test-Wettbewerb – Augen verbinden, und los geht es …

Abgesehen davon, dass Sie sich dem Wein viel intensiver widmen, hilft es auch, ihn zum Essen zuzuordnen. Wenn er an Grillaromen erinnert – das gilt vor allem bei barriquegereiften Weinen –, wird er zu gegrillten Gerichten besonders gut harmonieren.

Sie können sich den jeweiligen Wein auch viel besser merken, wenn Sie zum Beispiel sagen: „Der Wein erinnert im Duft an getrocknete Aprikosen, Rosen und frisch geriebene Muskatnuss." Fachleute können so auch die Rebsorte zuordnen. Der gerade beschriebene Wein wird beispielsweise immer ein Gewürztraminer sein. Jede Rebsorte hat von Natur aus ganz gewisse Aromen. Wenn ein Wein an grüne Paprika, Holunderblüten oder Maracuja erinnert, wird es mit großer Sicherheit ein Sauvignon blanc sein.

Wein schmecken

Häufig wird unterschätzt, wie begrenzt der Geschmack ist. Halten Sie sich einmal die Nase zu, und nehmen Sie etwas Zimt und Zucker in den Mund. Sie werden nur Süße schmecken. In dem Moment, in dem Sie die Nase aufmachen, haben Sie eine Explosion von Zimt. Aber ohne die Nase schmecken Sie nur süß, sauer, salzig, bitter und umami. Letzteres wurde von dem japanischen Wissenschaftler Kikunae Ikeda 1908 entdeckt. Er spürte, dass ein Extrakt aus Seetang auf Speisen eine wohlschmeckende Wirkung hat. Da es weder mit süß, sauer, salzig noch bitter zu definieren war, isolierte Ikeda das für diesen Geschmack auslösende Molekül. Dabei fand er heraus, dass es sich um Glutaminsäure, eine einfache Aminosäure, handelte. Er nannte diesen fünften Grundgeschmack „umami" nach den japanischen Worten für „wohlschmeckend" (umai) und „Essenz" (mi).

Wichtig ist also, dass im Gaumen das Aroma in das Riechzentrum der Nasenmuscheln transportiert wird. Dort docken die Gehirnzellen an, identifizieren den Geruch und geben ihn als Bild an das Gehirn ab.

Tipp

Wenn Sie Ihr Weinglas schwenken und kräftig riechen, spricht man von „orthonasal". Wenn das Aroma über den Gaumen transportiert wird, heißt es „rethronsal".

Die Intensität eines Geruchs kann in Olf (nach Olfaktorium) gemessen werden

Rot oder weiß?

Das ist hier die Frage

Spannend kann es sein, einen Weiß- und einen Rotwein bei gleicher Temperatur und geschlossenen Augen zu probieren. Geben Sie Ihren Freunden eine Schlafbrille, oder verbinden Sie ihnen mit einem Handtuch oder einer Krawatte die Augen. Dann drücken Sie dem Gegenüber einen Weißwein in die eine und einen Rotwein in die andere Hand – wie gesagt auf gleicher Temperatur. Nun soll herausgefunden werden, in welchem Glas der Rotwein beziehungsweise in welchem der Weißwein sich befindet. Es ist schwieriger, als man denkt. Am liebsten mache ich es mit einem Spätburgunder und einem Grauburgunder im Barrique gereift – wie gesagt, beide auf Zimmertemperatur. Dieser Test hat schon für viele Lacher gesorgt.

Wasser & Wein

Ein verrücktes Paar

Gehören Sie auch zu der Fraktion, die Wein und Wasser lieber in zwei Gläsern trinkt und nicht als Schorle? Nicht nur, dass es jammerschade ist, einen guten Wein zu verdünnen, auch geschmacklich kann Wasser separat zum Wein ganz neue Dimensionen des Genusses erschließen.

Über Geschmack lässt sich streiten. Über die Art, wie er zustande kommt, nicht. Ganz wissenschaftlich betrachtet geht das folgendermaßen vor sich: Die Geschmacksrezeptoren auf der Zunge sind ebenso wie die Geruchsrezeptoren in der Nase sogenannte „D-Rezeptoren". Das bedeutet, sie reagieren nur auf Veränderung der Reizstärke. Bestimmt haben auch Sie schon einmal die Erfahrung gemacht, dass Sie an einen Ort kamen, der unangenehm roch. Nach einer Weile merkt man den üblen Geruch aber nicht mehr, eben weil sich die Reizstärke nicht ändert. Für den Weingenuss bedeutet das, dass das Wasser zwischen zwei Schlucken Wein die Geschmacksrezeptoren wieder freispült und damit sogar gesteigerten Weingenuss ermöglicht.

Wenn Sie gerne Wein trinken, ist es ohnehin wichtig, genügend Wasser zu trinken. Die Empfehlung lautet, immer mindestens so viel Wasser wie Wein zu trinken. Bei umfangreicherem Weinkonsum wirkt sich das vor allem am nächsten Morgen positiv aus. Da Alkohol dehydrierend wirkt, scheidet der Körper auch mehr Mineralstoffe und Spurenelemente aus. Schon aus diesem Grund sollten Sie also unbedingt ausreichend Wasser zu sich nehmen.

Unbedingt die gleiche Menge Wasser wie Wein trinken, dann gibt es am nächsten Tag keinen dicken Kopf

Das passende Wasser für jeden Geschmack

Zauberwort gegen Säure

Und dann wäre da noch die Sache mit der Bekömmlichkeit. Dazu gibt es ein Zauberwort: Hydrogencarbonat. Es wird hauptsächlich aus Kalkgestein gelöst und neutralisiert die Weinsäure. Ein Versuch mit zwei Gläsern Mineralwasser und Salzsäure zeigte überraschende Ergebnisse. Der Säurewert lässt sich mit Teststreifen sehr gut messen, und – Sie werden es kaum glauben – das Mineralwasser mit dem hohen Gehalt an Hydrogencarbonat kam zu einem basischen Wert! Die Wirkung von Wasser zu Wein darf man also nicht unterschätzen.

Das hat sehr praktische Auswirkungen. Wer etwa Probleme mit Sodbrennen hat, sollte unbedingt ein Mineralwasser mit einem hohen Hydrogencarbonatwert wählen. Und das nicht nur beim Weingenuss, denn es dient allgemein als guter Schutz vor Übersäuerung durch Kaffee, Tee, Fleisch, Eier etc. Zudem ist Mineralwasser besonders reich an Mineralien wie Calcium, Magnesium und Natrium sowie Spurenelementen, beispielsweise Fluorid, Eisen, Zink und Mangan.

Mittlerweile gibt es sogar Bücher darüber, welches Wasser besonders gut zum Wein passt. Es ist auch mal ganz spannend, einen Wein in Verbindung zu verschiedenen Mineralwassern zu probieren. Wasser unterschiedlicher Herkunft schmeckt tatsächlich ganz unterschiedlich gut zum Wein. Probieren Sie, und folgen Sie dabei Ihren persönlichen Vorlieben.

Stille Wasser und andere Geschmackssachen

2015 verzeichnete Deutschland mit einem Jahresverbrauch von 147,3 Liter pro Kopf einen Mineralwasser-Rekordwert. Fünfzehn Jahre davor lag der Konsum bei 100 Liter pro Kopf, in den 1970er-Jahren waren es gar nur 12,5 Liter. Wein trinken die Deutschen knapp 25 Liter.

Der Trend geht zum Mediumwasser, dem sogenannten halbstillen Mineralwasser, einer vergleichsweise neuen Variante. Junge Verbraucher greifen vermehrt zu stillem Wasser, die Zuwächse sind im zweistelligen Bereich. Früher war das stille Wasser eher typisch für Frankreich. Zu viel Kohlensäure kann als Weinbegleitung etwas stören, vor allem den Geschmack von Rotweinen beeinträchtigt das schnell. Bei süßen Weinen wiederum kann Kohlensäure sogar erfrischend wirken.

Bei großen Weinproben geht es übrigens gar nicht ohne Wasser. Zum Neutralisieren gibt es nichts Besseres! Brot wird durch seine Stärke teilweise recht süß im Mund. Wasser hingegen bleibt neutral.

Tipp

Kleine Warenkunde

Das Einmaleins des Wassers

Natürliches Mineralwasser – reines Naturprodukt: gilt als das älteste Lebensmittel; am strengsten kontrolliert. Entstehung: Das Niederschlagswasser bahnt sich den Weg durch verschiedene Kies-, Sand- und Gesteinsschichten. Je nach Dauer des Prozesses kann der Anteil der gelösten Inhaltsstoffe höher sein.

Tafelwasser – kein Naturprodukt, sondern zusammengesetzt aus verschiedenen Wässern; kann natürliches Mineralwasser sein oder Meerwasser; wird mit Kohlensäure und einer Mineralien-Mischung versetzt.
Quellwasser – aus unterirdischen Wasservorkommen. Entstehung: ebenfalls aus Niederschlagswasser, das auf dem langen Weg durch die unterschiedlichen Gesteinsschichten Mineralien und Spurenelemente aufgenommen hat. Darf nur am Quell-Ort abgefüllt werden. Im Gegensatz zum Mineralwasser fehlen dem Quellwasser die lebenswichtigen Mineralstoffe.
Heilwasser – bedarf aufwendiger Genehmigungen, die eine heilende, lindernde oder vorbeugende Wirkung bestätigen. Die Wirkung beruht auf der Aktivierung der natürlichen körpereignen Kräfte und der Stärkung der Stoffwechsel- und Organfunktionen. Je nachdem kann es verdauungsfördernd sein, den Blutdruck normalisieren, Mineralstoffmangel vorbeugen, die Leistung steigern und das Wohlbefinden verbessern. Als Arzneimittel unterliegt es der Zulassung des Bundesinstitutes für Arzneimittel und Medizinprodukte.
Trinkwasser – wird aufbereitet; dazu sind Chlor, Chlordioxid, Salzsäure und Schwefelsäure zugelassen. Alte Bleirohre im Leitungssystem können Probleme auslösen.

Wein **einkaufen**

Das sollten Sie beachten

Besonders fasziniert mich, dass weltweit die meisten Weine von Frauen gekauft werden! Das ist natürlich eine Entwicklung der letzten Jahre. Dazu muss allerdings gesagt sein, dass die weibliche Käuferschicht den Wein kauft, den man im Alltag trinkt. Wenn es hingegen um den Wein zum Einlagern geht oder um den Kauf nach Bewertungen, dann sind wieder eher die Männer am Zuge.

Frauen lassen sich auch eher vom Etikett leiten. Wenn es ansprechend ist – warum nicht? Besonders lobenswert finde ich übrigens, dass Frauen in aller Regel den Schraubverschlüssen positiv gegenüberstehen.

Mindestpreis für eine Flasche Wein

Haben Sie schon einmal darüber nachgedacht, wie viel Geld in Deutschland im Durchschnitt für eine Flasche Wein ausgegeben wird? Es sind keine drei Euro! Da kann man schon ins Grübeln kommen. Es geht ja nicht nur um den Inhalt, da gehören immerhin noch eine Glasflasche, Etikett, Verschluss und Kapsel dazu. Außerdem sind Verpackung, Transport, Steuer, die Marge des Händlers und anderes mehr einzuberechnen. Da bleibt nicht viel für den Wein übrig. Aus meiner Sicht benötigt der Winzer etwa fünf Euro, um einen ordentlichen Wein zu produzieren.

Wenn man einen besonderen Tropfen verschenken möchte, lohnt es, eine gute Weinhandlung zu besuchen

Unterschied einfacher und hochwertiger Wein

Bei niedrigpreisigen Weinen hört man oft: „Für das Geld schmeckt der Wein erstaunlich gut." Diese Weine sind in aller Regel ohne Ecken und ohne Kanten, ein bisschen fruchtig und nett. Ein qualitativ hochwertiger Wein hingegen kann im Duft viel mehr erzählen. Man schwenkt das

Supermärkte bieten dankenswerterweise auch immer mehr die guten Weine aus der Region an

Glas und merkt, wie immer wieder neue Düfte in die Nase strömen. Mich erinnert das an einen Spaziergang durch die Natur: Man entdeckt immer wieder Neues, aber nur dann, wenn man alle seine Sinne schärft. Noch wichtiger ist, dass der Wein nicht nach Alkohol schmecken darf, vielmehr soll die Frucht und Kräuterigkeit am Gaumen durchkommen. Vor allem aber spielt die Intensität des Weines eine große Rolle: Wirkt er im Mund leer, oder spürt man die Tiefe und Nachhaltigkeit des Weins? Je länger der Wein im Nachhall bleibt, desto mehr spricht das für die Güte des Weins.

Wein im Supermarkt kaufen?

Mehr als die Hälfte aller Weine in Deutschland wird im Supermarkt gekauft. Das ist absolut nachvollziehbar, denn Wein ist fast zum Alltagsgetränk geworden. Nicht zu übersehen ist, dass die Märkte immer häufiger regionale Weine anbieten. Lange Zeit wehrten sich die guten Winzer dagegen, im Supermarkt präsent zu sein. In anderen Ländern ist diese Zurückhaltung dagegen völlig unbekannt, in Spanien beispielsweise bieten auch Supermärkte die besten und teuersten Weine an. Die hochpreisigen Weine sind in den Verkaufsregalen allerdings gesichert. Auch in unseren heimischen Märkten setzt sich immer mehr die Erkenntnis durch, dass es für den Verbraucher von Vorteil ist, wenn ihm dort Weine von renommierten Winzern angeboten werden.

Weinhandlung – immer gut für einen Geheimtipp

Der Fachhandel wird immer gerne aufgesucht, wenn man einen hochwertigen Wein verschenken möchte oder einen Wein für einen besonderen Anlass sucht. Ein guter Händler hat für mich zugleich den Vorteil, dass er tolle Empfehlungen geben kann und natürlich Geheimtipps bereithält, sprich exzellente Weinqualitäten mit einem guten Preis-Leistungs-Verhältnis. Teilweise sind es Weingüter, die noch keinen so hohen Bekanntheitsgrad haben und preislich entsprechend günstiger sind.

Wenn Sie für Gäste bei einer Einladung etwas Besonderes kochen, lohnt es sich, den zum Essen passenden Wein dazu auszuschenken. Ein guter Weinhändler geht kompetent auf Ihre Wünsche ein und berät Sie bei der passenden Weinbegleitung.

Der volle Genuss – direkt beim Winzer einkaufen

Es ist geradezu ein beglückendes Erlebnis, den Wein direkt beim Winzer zu erwerben. Dann erfährt man nämlich vieles über die Philosophie des Weinguts. Winzer, die mit Herzblut ihren Wein an- und ausbauen, verbinden damit auch eine Lebenseinstellung. Mehr als das Etikett der Weinflasche sagt ihr Inhalt aus. Treffen Sie daher Kaufentscheidungen erst dann, wenn Sie vom Geschmack des Weins überzeugt sind. Ein gutes Weingut bietet Ihnen die Möglichkeit, einige Weine zu verkosten, und geht wie der gute Weinhändler auf Ihre Wünsche und Vorstellungen ein.

Übrigens erwartet ein Winzer nicht, dass Sie einen Großeinkauf vornehmen. Winzer freuen sich stets über das Interesse von Weinliebhabern – gleichgültig ob drei, sechs oder mehr Flaschen erworben werden.

Daheim schmeckt's am besten

Im Gegensatz zu Frankreich, Spanien und Italien trinken die Deutschen rund 80 Prozent aller Weine zu Hause. In den anderen Ländern trinkt man Wein eher im Restaurant zu Essen. Das beeinflusst die Stilistik der Weine. Die Deutschen trinken den Wein, grob gesprochen, am liebsten vor dem Fernseher, selbstverständlich bestätigt aber die Ausnahme die Regel. So solo getrunken, schmecken leichte und fruchtige Weine am besten. Kraftvolle im Barrique gereifte Weine sind hingegen eher die besseren Begleiter zum Essen. So kommt es, dass rund 90 Prozent aller Weine in Deutschland „Konsumweine" sind – eben unkompliziert und nicht für eine lange Lagerung gedacht.

„Terroiristen“

Kleine Bodenkunde für Einsteiger

Es gibt Fragen, die stellen sich immer wieder. Zum Beispiel: Ist ein teurer Wein wirklich so viel besser als ein günstiger? Zum Glück gibt es darauf keine pauschale Antwort, sonst wären wir Fachleute ja komplett überflüssig. Auch ein günstiger Wein kann exzellent sein oder den eigenen Geschmack viel besser treffen als ein vergleichsweise teurer Wein. Letztendlich bleibt das ein entscheidendes Kriterium – entweder er schmeckt mir oder er schmeckt mir nicht. Aber was macht nun eigentlich den höheren Preis eines Weines aus?

Terroir und „Terroiristen“

In aller Regel sind solche Weine teuer (und gut), die viele Extrakte besitzen, die langlebig sind und die das sogenannte Terroir widerspiegeln. Natürlich denkt jeder bei diesem Begriff zuerst an den Boden. Aber der ist nicht alles. Der Winzer Reinhard Heymann-Löwenstein hat ein tolles Buch über dieses Thema geschrieben, was allein schon zeigt, wie komplex die Sache ist (Terroir. Weinkultur und Weingenuss in einer globalen Welt, Kosmos Verlag, Stuttgart). Grob umrissen geht es um das Zusammenspiel von Boden, Klima, Rebsorten und der Handschrift des Winzers, und nur mit großer Sorgfalt und Mühe bekommen Winzer alles, was im Rebberg steckt, auch genauso in die Flasche. In Fachkreisen werden sie deshalb manchmal liebevoll „Terroiristen“ genannt.

Gehen wir es Stück für Stück an: Bei den Böden spielt natürlich neben der geologischen Zusammensetzung auch die Drainage, also der Wasserabzug des Bodens, eine wichtige Rolle. Nasse Füße mag Wein gar nicht, sprich: Wenn die Wurzeln ständig im Wasser stehen, verkümmert die Rebe. Andererseits machen sich die Stöcke – je nachdem, wie viele der Winzer pro Hektar gepflanzt hat – gegenseitig Konkurrenz; das heißt, bei einer hohen Pflanzdichte müssen die Reben tiefer wurzeln, damit sie Wasser bekommen. Bei uns werden in aller Regel 4000 bis 5000 Stöcke pro Hektar gepflanzt. Wer gezielt Konkurrenz schaffen will – eine Winzertechnik –, der pflanzt schon mal doppelt so viel.

An der Mosel noch oft zu finden: Einzelstockerziehung auf den Schieferböden

Karg, steil, heiß

Auch an Steillagen – also ab 30 Prozent Hangneigung – müssen sich die Reben anstrengen, was ein Grund dafür ist, warum alle von diesen Lagen schwärmen. Zum einen sind die Böden dort karger, was bedeutet, dass die Weinstöcke tiefer wurzeln müssen, um sich zu ernähren (Weinreben können bis zu 20 Meter tief in die Erde reichen, in Steillagen sogar noch weiter). Zum anderen beschatten sich die Reben in einer Steillage nicht gegenseitig. Die Sonneneinstrahlung ist deutlich intensiver, was wiederum Auswirkungen auf die Qualität der Früchte hat.

Apropos Sonneneinstrahlung – es ist natürlich leicht nachvollziehbar, dass ein Rebberg nach Süden ausgerichtet eine andere Sonneneinstrahlung bekommt als ein Westhang. Die Winzer machen sich natürlich auch Gedanken, ob sie Morgen-, Mittags- oder Abendsonne mehr schätzen. In der Zeit des Klimawandels entpuppt sich so manche 1b-Lage plötzlich als die bessere. Und je nachdem, wie hoch der Rebberg liegt, wird es nachts kühler, was oft zu einer verlängerten Vegetationsperiode führt.

Es beeinflusst den Wein ganz wesentlich, ob er auf kargem Schiefergestein gedeiht oder auf einem fruchtbaren Boden in der Ebene

Charakter versus Massenware

Zudem ist die Wahl der Rebsorte entscheidend. Für jede Region gibt es Erfahrungswerte, die genau definieren, welche Rebsorten sich am besten eignen. Das liegt daran, dass bestimmte Rebsorten auch ausgesuchte Böden und gewisse Klimabedingungen benötigen. Das bekannteste Beispiel ist vielleicht der Riesling: Er braucht ein eher kühles Klima und bestimmte Böden, weshalb deutsche Rieslinge auf dem internationalen Markt inzwischen ein so hohes Renommee genießen. Vorausgesetzt natürlich, der Winzer weiß, was er tut. Die Handschrift des Winzers prägt einen Wein ganz deutlich. Er bestimmt zum Beispiel, wie viel Ertrag der Rebstock bringt. Wenn der Winzer schon im Frühjahr die Rute sehr kurz hält und später Trauben teilt oder herausschneidet, bekommt er zwar einen kleineren Ertrag, aber dafür konzentrierte, extraktreiche, tiefgründige und vielschichtige Weine. Im Keller setzt sich die Arbeit daran fort: Wird der Wein im klassischen größeren Holzfass ausgebaut, bekommt er auch Sauerstoff und schmeckt ganz anders als im luftdicht abgeschlossenen Stahltank.

Wenn tatsächlich alle diese Faktoren harmonisch zusammenspielen, kommen im besten Fall Weine hervor, die nicht nur fruchtig nett schmecken, sondern einen einzigartigen Charakter entwickeln. Sie spiegeln Klima und Boden ihrer Heimat, und zwar nur dieses Klima und diesen Boden. Damit unterscheiden sie sich vom kalifornischen Massenwein wie der Maßanzug von der Stangenkonfektion. Für solche großen Weine greife ich persönlich auch gerne tiefer in die Tasche.

Der Geschmack von Stein

Kleiner Exkurs in die Weingeologie

Unterschiedliche Gesteinsarten bringen unterschiedliche Weine hervor. Zu den geläufigsten zählen:

Buntsandstein bringt meist mineralische bis blumige Weine hervor, die oft an Zitrone und Grapefruit erinnern oder an den Geruch von Buchsbaumlaub. Alles in allem eher florale Aromen und etwas spritzige Säure.
Kalkstein zeigt sich gerne floral und erinnert an Lilien und Veilchen. Die Säurestruktur wirkt meist etwas cremiger und runder. Typische Aromen sind außerdem Mango, Pfirsich sowie Honig und Karamell.
Schiefer bietet ideale Voraussetzungen für langlebige Weine. Anfangs kommen sie fast etwas spröde daher, sind also nicht die weichen, cremigen Verführer. Vielmehr bewahren sie eine kühle Stilistik mit viel Mineralität sowie Aromen von Apfel, Zitrone und Grapefruit. Die Säure wirkt meist dominant und macht den Wein schlank.
Rotliegendes sorgt für aromatische Weine, die oft an Beeren und Honigmelone erinnern und etwas rauchig wirken. Sie präsentieren sich ebenfalls mineralisch, jedoch mit einer eher runden Säure.
Vulkanböden speichern Wärme und verleihen den Weinen Kraft und Tiefe. Die Aromatik erinnert häufig an reife Früchte, und die Säure wirkt eher gepuffert.

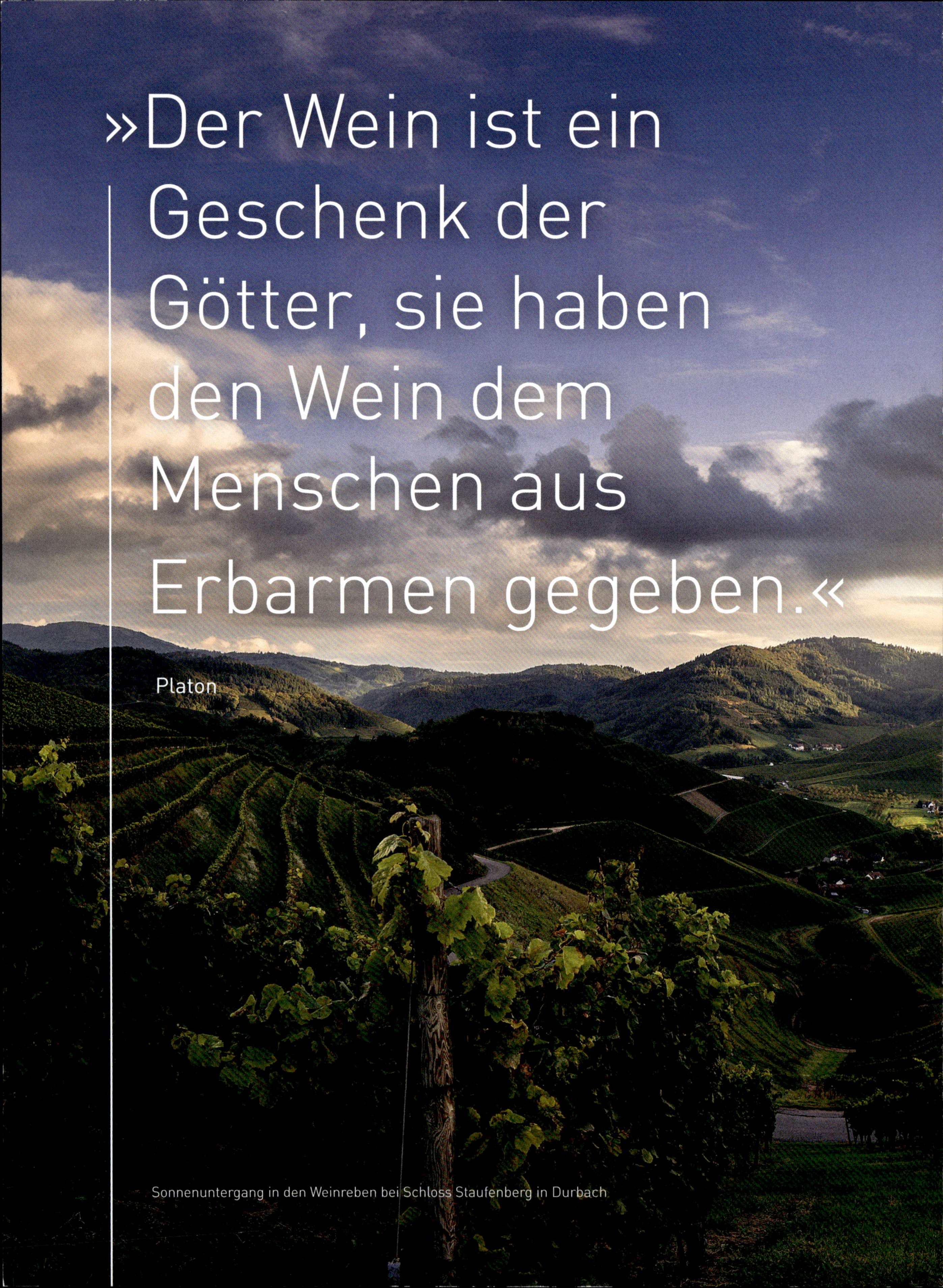

»Der Wein ist ein Geschenk der Götter, sie haben den Wein dem Menschen aus Erbarmen gegeben.«

Platon

Sonnenuntergang in den Weinreben bei Schloss Staufenberg in Durbach

Weinduell

Biowein versus konventioneller Weinbau

In Deutschland wächst der Anteil an Biowein enorm. Im Moment legt dieser pro Jahr um 25 Prozent zu, weltweit liegt Deutschland auf Platz sechs in der Biowein-Produktion. Noch viel wichtiger ist, dass rund 95 Prozent aller Winzer in Baden-Württemberg naturnah arbeiten. Alle Winzer machen sich Gedanken um die Natur. Es wird heute wirklich nur noch nach Bedarf gespritzt. Für bessere Prognosen stehen moderne Wetterstationen zur Verfügung. Die Bezeichnung „Biowein" führt immer wieder zu kontroversen Diskussionen. Die konventionell arbeitenden Winzer fühlen sich schnell in eine Ecke gestellt. So ist es aber nicht gedacht.

Bei einer Blindverkostung würde ich mir nicht zutrauen zu unterscheiden, ob der Wein von einem konventionell oder einem ökologisch arbeitenden Winzer stammt. Bei Wettbewerben sind die Siegerweine jedoch überdurchschnittlich oft von Biobetrieben. Viele Topwinzer steigen auf ökologischen Weinbau um, ohne es auf das Etikett zu schreiben oder groß zu kommunizieren. Es geht ihnen nur darum, die Qualität noch etwas zu verbessern.

Blühender Rebberg

Der Aufwand im ökologischen Anbau ist höher. Grundsätzlich bedeutet es Verzicht auf Kunstdünger und chemisch-synthetische Pflanzenschutzmittel. In erster Linie geht es dem Wengerter um ein gesundes Bodenleben, was bedeutet, dass beispielsweise möglichst viele Regenwürmer und Kleinstlebewesen im Boden sind. Heute gehen die Winzer oft mit dem Spaten in den Wengert und stechen tief in die Erde. Sie wollen sehen, ob sich fünf, zwanzig oder noch mehr Regenwürmer auf dem Spaten befinden. Die Fruchtbarkeit des Bodens hängt wesentlich von der Kombination aus Düngung, Boden und Begrünungspflege ab. Die Begrünung im Rebberg erfolgt mit Leguminosen –

Die ökologisch arbeitenden Winzer machen sich viele Gedanken über die ideale Begrünung im Rebberg

stickstoffbindende Pflanzen wie zahlreiche Kleearten, Lupinen oder Sommerwicken. Mit Hilfe von speziellen Bakterien können sie Stickstoff aus der Luft nehmen und als kleine Knöllchen an die Wurzeln heften.

Bei der Düngung wird komplett auf Mineraldünger verzichtet und nur auf Kompost und Humus gesetzt. Die Pflanzen werden mit Kräutersud gestärkt, darunter Aufgüsse aus Fenchel, Brennnessel und Schachtelhalm. Gegen Krankheiten wie den echten und falschen Mehltau können die Wengerter reinen Schwefel und Kupfer einsetzen, wobei an Stelle von Schwefel in letzter Zeit immer häufiger Backpulver (Natriumbikarbonat) zum Einsatz kommt.

Biodynamischer Weinbau als Steigerung?

Beim biodynamischen Weinbau werden die Mondphasen miteinbezogen, außerdem wird mit Homöopathie gearbeitet. Regenwasser wird über einen längeren Zeitraum gerührt, dynamisiert und homöopathisch mit Baldrian, Kamille, Brennnesseln, Quarz oder Kuhmist versehen. Natürlich ist das Thema nach der Lehre von Rudolf Steiner viel ausführlicher. Viele berühmte Winzer richten sich stark nach der Biodynamie. Einige sind auch Mitglied im Demeter-Verband.

Bei sogenannten „PIWIs" muss nicht mehr
oder nur noch ganz wenig im Rebberg gespritzt werden

PIWIs – spannende Bereicherung

Gerade für die ökologisch arbeitenden Winzer sind sie eine spannende Bereicherung, die pilzwiderstandsfähigen Rebsorten, kurz PIWI genannt. Die Idee dahinter ist, selbst auf den Einsatz biologischer Spritzmittel verzichten zu können. Im Großen und Ganzen sind PIWIs mehr oder weniger resistent gegen die Hauptgefahr: Pilzerkrankungen wie echten oder falschen Mehltau. Vor allem das Staatliche Weingut Freiburg setzt sich seit vielen Jahren für die Kreuzung solcher Bioreben ein.

Auch Attribute, nach denen Rotweine eine dunklere und intensivere Farbe mitbringen, können berücksichtigt werden, wie bei der Rebsorte Regent. Im Weißweinbereich gibt es schon einige vielversprechende Sorten, etwa Cabernet blanc, Johanniter oder Sauvignac.

VDP – Der Ritterschlag der Winzer

Was im Englischen der Ritterschlag und dessen „Sir" bedeutet, ist für einen Winzer in Deutschland die Aufnahme in den seit 1912 bestehenden VDP, den Verband der deutschen Prädikatsweingüter.

Der Verband hat knapp 200 Betriebe als Mitglieder. Mitglied im VDP kann ein Weingut nicht etwa durch eine Beitrittserklärung werden, sondern nur durch eine Berufung. Dieser geht meist eine jahrelange fachkundige Beobachtung und Prüfung der Erzeugnisse nach hohen Qualitätskriterien voraus. Eine der obersten Prioritäten des VDP ist die umweltschonende Bewirtschaftung. Außerdem gelten sehr strenge Richtlinien und Vorgaben.

Optisches Erkennungsmerkmal der VDP-Mitglieder ist der sogenannte Traubenadler, der auch auf der Kapsel der Weinflasche zu sehen ist. Es handelt sich um einen stilisierten Adler mit ausgestreckten Flügeln und einer Weinrebe auf der Brust. Dieses Zeichen garantiert höchste Qualität! Vor einigen Jahren hat sich der VDP darüber Gedanken gemacht, dass die Weine aus Toplagen noch besser platziert werden müssten. In akribischer Arbeit wurden die ursprünglich alten Toplagen wieder herausgearbeitet. Seither gibt es eine sogenannte Qualitätspyramide, die sich ein wenig an die Klassifizierung der Weine in Frankreich anlehnt. Der VDP unterscheidet vier Klassifikationen, die auch auf den Flaschen angegeben werden. Ganz oben an der Spitze stehen die „Große Lage", dann „Erste Lage", „Ortswein" und „Gutswein". Letzterer ist der Wein für jeden Tag, leicht nachvollziehbar; auf der Flasche steht „Gutswein". Der „Ortswein" hat schon mehr Potenzial. Auf dem Etikett sind die Anbauorte – etwa Ihringen oder Fellbach – und die Rebsorte zu lesen. Weine der „Ersten Lage" sind vergleichbar zum Première Cru in Frankreich. Sie stammen aus regional typischen Rebsorten, auf dem Etikett ist die Kombination aus Orts- und Lagennamen und auf der Kapsel „1. Lage" zu lesen. An der Spitze der Qualitätspyramide steht die „Große Lage", die vergleichbar mit einem Grand Cru in Frankreich ist. Dementsprechend sind die Weine kraftvoll und mit Potenzial für eine längere Reifung. Es dürfen hierfür nur die typischen Rebsorten der Region verwendet werden – in Deutschland ist das meist Riesling, in einigen Regionen sind es auch Burgundersorten. Sie spiegeln die besten Weine in den besten Weinberglagen wider. Zwangsläufig spielen die Großen Gewächse preislich in der oberen Liga.

Die höheren Preise sind ganz wichtig, denn nur so haben die Weine in den letzten Jahren – auch international – ein ganz anderes Standing bekommen. Der Verband der Deutschen Prädikatsweingüter präsentiert im Übrigen schon viele Jahre unsere Topweine international.

Aus meiner persönlichen Erfahrung heraus, würde ich sagen, dass die Weine des VDP eine sichere Bank für Topqualitäten sind. Für die Zukunft würde ich mir wünschen, dass auch alle anderen Winzer die Klassifizierung übernehmen. Ein tolles und gut durchschaubares System!

Klimawandel

Bleibt die 1a-Lage?

Im Weinbereich ist der Klimawandel nicht wegzudiskutieren. Einen schlechten Jahrgang gibt es praktisch gar nicht mehr. Ich kann mich noch an Jahrgänge wie den 1984er oder 1987er erinnern, bei denen es einem regelrecht die Socken heruntergerollt hat. Damals gab es noch öfter Jahre, in denen die Trauben nicht reif wurden. Mittlerweile wird jeder Jahrgang reif, und wir können auch locker spätreifende Sorten wie Cabernet Sauvignon anpflanzen. Das war früher echt nicht vorstellbar! Überhaupt hat sich der deutsche Rotwein komplett gewandelt. Wer noch Vorurteile hat, ist nicht mehr up to date. Während andere Länder mit hohen Alkoholgraden zu kämpfen haben, bekommen unsere Rotweine optimale Reifewerte. In Baden und Württemberg haben die Spätburgunder nochmals an Güte gewonnen, sodass sie einem Vergleich mit dem Burgund absolut standhalten können.

Mit einem Refraktometer bestimmt der Winzer den Öchslegehalt der Trauben

Württemberg war schon immer Rotweinland. Entsprechend tüfteln die Winzer heute mit Cabernet Sauvignon, Cabernet Franc, Merlot, Syrah und anderen. Die Weine warten mit Kraft und Wärme auf, von einem Südländer sind sie nicht mehr zu unterscheiden. Ganz im Gegenteil ist es sogar so, dass heute viele Weinländer eher neidvoll auf uns schauen. Beispielweise kann ein Merlot recht belanglos sein – halt nett. In Württemberg aber gelangt er zu ganz neuen Qualitäten, er wirkt viel feiner, geschliffener und mineralischer.

Umdenken

Die ganzen Jahre galt: Viel Sonne bringt viel – also vollmundige und kraftvolle Weine. Doch wollen Sie jeden Tag Weine mit 14 oder 15 Prozent Alkohol trinken? Ich persönlich nicht. Aus meiner Sicht sind Rotweine mit 13 oder 13,5 Prozent Alkohol attraktiver, von denen kann man auch ein Gläschen mehr trinken. Bei sehr heißen Temperaturen ist es für den Kellermeister nicht immer einfach, dafür zu sorgen, dass die Weine nicht vom Alkohol dominiert werden.

Weißweine nicht zu toppen

Beim Weißwein könnte es nicht besser sein: Wir besitzen die allerbesten Voraussetzungen. Gerade unsere Paraderebsorte Riesling braucht kühlere Temperaturen. Teilweise findet jedoch ein Umdenken statt, sodass beispielsweise die frühere 1a-Lage heute von der 1b-Lage getoppt wird. Kühlere Temperaturen führen zu einer längeren Reifeperiode, aus Letzterer wiederum resultiert eine größere Aromaausbeute. So werden kühlere Weinlagen mehr geschätzt denn je!

Höhenlagen

Weitsichtige Winzer gehen mit ihren Neuanpflanzungen in höhergelegene Lagen, um die Kühle und längere Reifezeiten auszunützen. So sinkt in der Höhe die Temperatur nachts noch stärker ab, und auch die Unterschiede zwischen Sommer und Winter wirken extremer. Ein richtiges Vorzeigeprojekt ist „Altitude", ein ganz neu angelegter Chardonnay-Rebberg auf 470 Meter Höhe. Winzer Marcel Wiedenmann in Beilstein musste allerdings einige Jahre dafür kämpfen, bis er die nötigen Genehmigungen hatte, den neuen Rebberg anzupflanzen.

Noch höher gelegen sind mit 520 Meter Höhe die Reben vom Weingut Helmut Dolde – Bergwein vom Hohenneuffen. Am Rande der Schwäbischen Alb baut der akribisch arbeitende Winzer Silvaner an, die regelrecht die verschiedenen Böden in den Wein transportieren. Nehmen Sie Doldes Silvaner „Weißer Jura" oder „Vulkan", das ist ein Unterschied wie Tag und Nacht.

Württembergs höchster Weinberg befindet sich in Neuffen auf 530 Meter

Wein**lagerung**

Sie wird häufig unterschätzt

Wer besitzt noch einen richtigen Weinkeller?

Das ist oft ein großes Problem. Wer hat heute noch den kühlen Naturkeller – am besten mit gestampftem Naturboden? Oder überhaupt einen Keller? Ein warmer Heizungskeller, womöglich neben dem Ölfass, ist jedenfalls von Übel.

Optimale Bedingungen

Beim Wein wurde in zahlreichen Studien festgestellt, dass die Reifung am langsamsten bei einer Lagerung von zwölf Grad und im Dunklen vonstattengeht. Je wärmer der Keller ist oder auch bei Temperaturschwankungen reifen die Weine sehr viel schneller. In einer Studie wurde belegt, dass bei Zimmertemperatur schon nach sechs Monaten die Fruchtaromen und die Tannine im Wein extrem abnehmen.

Bestes Beispiel für optimale Lagerbedingungen ist das Weingut und Weinhandel Schwarzer Adler in Oberbergen! In den 1980er-Jahren hatte Franz Keller mit seinem Sohn Fritz (genau, der jetzige DFB-Präsident) in einen Berg in Oberbergen zwei Stollen gebaut. Dort haben sie das ganze Jahr über konstante zwölf Grad. Sie verfügen in den Stollen über viele alte Weine, und wirklich – die Weine schmecken immer wesentlich jünger als aus irgendeinem anderen Keller.

Am schnellsten tötet man einen Wein, wenn man die Flasche hellen Lichtquellen aussetzt. Innerhalb kürzester Zeit oxidieren die Weine und bauen massiv ab.

Plan B

Wenn Sie keinen Keller besitzen, sollten Sie überlegen, wo es in Ihrer Wohnung am kühlsten ist – vielleicht im Schlafzimmer, oder gibt es im Flur einen Dielenschrank?

Einfacher als einen Keller zu bauen, ist natürlich immer die Anschaffung eines Weinlagerungs- oder Klimaschranks. Da können Sie ebenfalls die Temperatur – wie zwölf Grad – festlegen, und Sie haben obendrein noch eine hohe Luftfeuchtigkeit, sodass die Korken nicht austrocknen.

Ideale Lagerbedingungen gewähren einem guten Wein Langlebigkeit

Achten Sie auf eine LED-Beleuchtung, damit der Wein keine UV-Strahlung bekommt.

Die Luxusvarianten der Weinklimaschränke haben drei Safes, bei denen man die Temperaturen unterschiedlich einstellen kann. So könnten Sie beispielsweise oben sechs Grad für Ihre Weißweine einstellen, in der Mitte zwölf Grad für die Lagerung der Weine und unten 16 Grad für die Rotweine.

Die Magie gereifter Weine

Es gibt kein größeres Erlebnis, als ein perfekt gereifter Wein! Ein Wein auf dem Höhepunkt ist einem anderen Höhepunkt (Kopfkino?) durchaus vergleichbar. Alles im Wein fügt sich optimal zusammen, Säure, Süße, Körper – alles steht in perfekter Balance. Zudem entwickeln gute Weine im Alter auch noch tertiäre Aromen – im Duft werden sie noch vielschichtiger. Zum Essen gibt es nichts Besseres als gereifte Weine – da kann kein „Tutti-Frutti"-Wein mithalten …

Tipp

Welchen Wein wie lange lagern?

Weißweine sollen in der Regel so jung wie möglich getrunken werden. Ausnahmen können große Riesling- und Burgunderweine sein, die im Barrique gereift sind. Gute Rotweine hingegen schmecken oft erst nach zwei oder drei Jahren ausgewogen und rund. Leichte und fruchtige Rotweine sollten keine fünf Jahre alt werden. Kraftvolle und schwere Rotweine bleiben in der Regel zehn Jahre genießbar. Exzellente Jahrgänge von sehr guten Erzeugern können auch mehrere Jahrzehnte reifen. Rotweine, die schon ein paar Jahre Reife haben, bedürfen besonderer Sorgfalt. Idealerweise legen Sie die Flasche mit dem Etikett nach oben ins Fach. Dann können Sie schneller erkennen, welcher Wein dort liegt. Es gibt aber noch einen weiteren Vorteil. Im Laufe der Jahre setzt sich das Depot des Weines ab – das sieht so ähnlich aus wie Kaffeesatz. Das Depot besteht aus Ablagerungen von Traubenschalen und Kernen. Wenn Sie die Flasche nun vorsichtig aus dem Kellerfach nehmen und dabei das Etikett oben lassen, dann bleibt das Depot unten in der Flasche liegen. Sie können durch Dekantieren, also vorsichtiges Umfüllen in eine Karaffe, den Wein vom Depot trennen. Manche legen auch die Rotweinflasche in einen Weinkorb. Dann kann die Flasche ebenfalls gut aus dem Keller transportiert werden.

Für eine längere Reifung des Weins sollte die Luftfeuchtigkeit zwischen 65 und 75 Prozent betragen

Tipp

Werfen Sie immer mal wieder einen Blick auf Ihre Weinbestände. Es gibt kaum etwas Ärgerliches als überalterte Weine! Gerade bei edleren Tropfen neigt man dazu, sie zu lange aufzubewahren, und irgendwann ist es für jeden Wein zu spät. Dann erinnert er im Geschmack mehr an Essig oder an Sherry und macht keine Freude mehr. Wenn das nächste Mal Freunde mit Weinsachverstand kommen, machen Sie doch mal so einen besonderen Wein auf und genießen Sie ihn in Gesellschaft.

Richtig **temperiert**

Eine Grad-Frage

Beim Weingenuss bin ich in jeder Hinsicht locker. Mit ein paar Ausnahmen. Zum Beispiel ärgere ich mich, wenn Wein zu kalt serviert wird. Hat ein Weißwein beim Einschenken sechs Grad oder gar darunter, schmeckt man praktisch nichts mehr – die Frucht erfriert förmlich. Diese Methode eignet sich höchstens, um billige Plörre zu tarnen. Zu niedrige Temperatur kann selbst in guten Restaurants zur Stolperfalle werden. Ist beispielsweise der Probierschluck des bestellten Weins zu kalt, bemerkt man gegebenenfalls einen Korkgeschmack nicht und nickt die Flasche ab. Je wärmer der Wein im Glas wird, desto stärker tritt dann der unerwünschte Korkton hervor. In so einem Fall rate ich, den Servicemitarbeiter zu bitten, den Wein nachzuprobieren.

Im Zweifelsfall ist es natürlich besser, einen Wein eher zu kühl als zu warm zu servieren. Besonders bei den hier üblichen Zimmertemperaturen erwärmt er sich im Glas nämlich schnell um ein bis zwei Grad, und ein bereits zu warmer Wein wird ausgeschenkt nicht kühler. Aber ein kleiner, dünner Weißwein schmeckt schnell abgestanden, wenn er zu warm wird. Um die Fruchtigkeit zu erhalten, darf die Trinktemperatur also auch nicht zu hoch sein. Es gibt keine Pauschalregel? Nein, die gibt es nicht. Aber es gibt ein paar Orientierungshilfen.

Wohltemperiert differenziert

Schaumweine machen es einem relativ einfach. Sie schmecken kühl am besten. Sekt, Cava, Spumante und Champagner sollten bei etwa sechs Grad gereicht werden. Die Ausnahme bilden große Jahrgangsschaumweine, sie entfalten sich bei acht Grad besser. Die würden wir aber nie in einer Sektflöte kredenzen, sondern in einem größeren Glas, damit sie genug Raum bekommen. Bei den Weißweinen verhält es sich ähnlich diffe-

Ob klassischer Flaschenkühler oder peppige Tasche aus Plastik – Wasser und Eis halten den Weißwein bis zum letzten Schluck kühl

Ein wahrer Luxus ist natürlich der Temperierschrank, der für die perfekte Temperatur und ideale Lagerbedingungen sorgt

renziert: Ein schlanker Weißer oder ein leichter Rosé gewinnen bei sechs bis acht Grad. Ein kraftvoller Weißwein dagegen, der beispielsweise im Barrique ausgebaut wurde oder schon ein paar Jahre gereift ist, wäre viel zu schade, um ihn so kühl zu trinken. Wenn ein solcher Weißwein im Laufe des Abends immer besser zu werden scheint, hat das oft mit der höheren Temperatur zu tun. Er hat beim Einschenken idealerweise zehn Grad und erwärmt sich dann im Glas auf 12 bis 14 Grad. Gleiches gilt auch für Dessertweine wie Beerenauslese, Eiswein, Sauternes oder Vin Santo: Bei zehn Grad einschenken – und dann langsam und genießerisch warm werden damit.

Es war einmal: Zimmertemperatur

Dass Rotwein Zimmertemperatur haben soll, ist ein weitverbreiteter Lehrsatz. Aber er gilt längst nicht mehr uneingeschränkt. Das liegt an unserem modernen Wohnkomfort. Die Empfehlung stammt aus einer Zeit, in der die Zimmertemperatur bei ungefähr 18 Grad lag – eine wunderbare Trinktemperatur für Rotwein, aber der durchschnittliche Europäer empfindet ein Wohnzimmer bei 18 Grad als reichlich ungemütlich. Die meisten Küchen und Wohnzimmer werden heute konstant auf 21 bis 23 Grad geheizt. Wenn ein Rotwein sich dem annähert, tritt oft der Alkohol in den Vordergrund, und er schmeckt brandig – welch ein Jammer! Passiert das bei einem guten Tropfen, leide ich besonders. In guten Restaurants gibt es daher meist einen Temperierschrank, in dem die kostbaren Flaschen bei exakt 16 Grad bereitliegen. Und wie gesagt: Zwei Grad mehr bekommt er schnell.

Trinktemperaturen

Schaumweine	6 °C
Weißweine, jung, frisch, und Roséweine	6–8 °C
Weißweine, kraftvoll	10–14 °C
Rotweine	18 °C
Süßweine	ab 10 °C

Tipp

Coole Technik

Weinkühlung, ein Thema mit Variationen

Falls Ihr Wein noch nicht kalt genug ist, gibt es wunderbare Kühlmanschetten, von denen ich immer welche im Eis liegen habe. Jeder hat außerdem schon einmal die praktischen Tonkühler gesehen. Sie müssen vor Gebrauch in Wasser gelegt werden und sich vollsaugen, damit sie funktionieren. Durch die Verdunstungskälte halten sie die Flasche kühl.

Wenn Sie einen klassischen Sektkühler mit Eis und Wasser füllen, achten Sie darauf, dass er auch wirklich bis oben gefüllt ist, sonst kühlen Sie nur die halbe Flasche. Ist der Wein deutlich zu warm, hilft eine Handvoll Salz im Eiswasser. Durch das Salz wird der Gefrierpunkt heruntergesetzt, sodass die Kühlung schneller vonstattengeht. Die Flasche dabei immer in eine Richtung drehen, um eine gleichmäßige Kühlung zu erreichen. Das tollste und neueste Luxusprodukt auf diesem Sektor dürfte wohl ein Kühler mit eingebauter Kühlung und Heizung sein: einfach die passende Temperatur für den Wein einstellen, zum Beispiel beim Sekt 7,5 Grad oder beim Rotwein 17 Grad, fertig. Ein solches Gerät ist natürlich bestens geeignet, um auch im Hochsommer auf der sonnig heißen Terrasse Wein oder Schaumwein auf optimaler Trinktemperatur zu halten.

Für den Weingenuss zu Hause lohnt es, für zwei Universalgläser zu sorgen: eines für Weißwein, eines für Rotwein

Wein**gläser**

Wie viele Sorten sind sinnvoll?

Heute stehen die Regale voll mit den unterschiedlichsten Weingläsern. Der sicherlich berühmteste Glashersteller – wenn es um hochwertige Weingläser geht – ist Georg Riedel aus Kufstein. Seit vielen Jahren hat er es sich zur Aufgabe gemacht, für jede Rebsorte das passende Glas zu entwickeln. Er selber sagt, dass es keinen schlechten Wein gibt – sondern nur das falsche Glas!

Ich gestehe, dass ich schon einige sogenannte „Gläserproben" mitgemacht habe – sprich ein Wein aus mindestens drei unterschiedlichen Weingläsern. Jedes Mal finde ich es wieder verblüffend, wie sehr sich ein Wein aus drei unterschiedlichen Gläsern unterscheiden kann!

Dafür gibt es Gründe: Je nachdem wie das Glas geformt ist, trifft der Wein zuerst auf bestimmte Stellen auf der Zunge. Am Zungenrand schmecken Sie die Säure und die Salzigkeit eines Weines um ein Mehrfaches intensiver. Normalerweise erwarten wir, dass die Weingläser nach oben hin zulaufen, damit der Duft gebündelt wird. Das Rieslingglas von Riedel dagegen hat am Glasrand eine Lippe nach außen. Wir Weinfreunde sprechen vom „Säurespoiler", denn der Wein trifft aus diesem Glas zuerst am Zungenrand auf, wo die Säure viel präsenter wirkt. Auf der Zungenspitze haben Sie dagegen ein höheres Süßempfinden. Je nachdem wie hoch der „Kamin" des Glases ist, kommt der Wein weiter vorne oder hinten auf der Zunge auf. Der Geschmack leichter Weine geht in zu großen Gläsern oft verloren, während kraftvolle Weine unbedingt viel Raum brauchen. In großen Gläsern bekommt der Wein auch mehr Sauerstoff, was eine Oxidation, also eine Reifung des Weines im Glas bewirkt.

Braucht man's daheim?

Ich beneide jeden, der es sich leisten kann. Aber wenn wir die Kirche im Dorf lassen, reichen zwei Universalgläser aus, ein schlankeres Glas für Weißwein und ein größeres für Rotwein. Selbst der Sekt und sogar Champagner werden heute immer mehr aus Weingläsern getrunken, wenn es sich um gute Tropfen handelt. Denn auch die wollen sich im Glas entfalten. Sektflöten taugen dazu gar nicht. Und Sektschalen – pardon – eignen sich eigentlich nur noch, um darin einen Krabbencocktail zu servieren.

Rotweine benötigen große Gläser, um sich voll entfalten zu können

Im Vergleich zu früher sind die Weingläser deutlich größer geworden. Dünnwandigkeit ist allerdings ein Muss, und nach oben hin sollten sie sich verjüngen, damit der Duft gebündelt aufsteigt. Ein langer Stiel hat den Vorteil, dass der Wein nicht so schnell durch die Hand erwärmt wird, und dass auch Gerüche von der Hand, eine Handcreme etwa oder Parfum am Handgelenk, den Duft des Weines nicht beeinträchtigen.

Ideales für zuhause bietet zum Beispiel die „Authentis"-Serie von Spiegelau. Die Gläser sind zwar maschinell gefertigt, aber ohne Naht, somit ähneln sie mundgeblasenen; maschinell gefertigte Gläser sind übrigens nach wie vor stabiler im Alltag. Wer es etwas verspielter und eleganter mag, wird bei Zwiesel 1872 fündig, absolut edel. Interessant sind auch die Gläser der „Sensis"-Serie von Eisch, die die Aromen eines Weines besonders gut transportieren können. Absolut außergewöhnlich in der Form ist die Serie „Vision" von Zieher, die Varianten wie „fresh", „straight" oder „intense" anbietet; die Weine sollen je nach Form frischer, charaktervoller oder harmonischer herauskommen. Es gibt natürlich noch viele weitere außergewöhnliche Hersteller mit besonderen Serien. Davon möchte ich Ihnen unbedingt noch die Gläser von Zalto und René Gabriel vorstellen. Sie sind extrem dünnwandig und zählen derzeit zu den Favoriten unter den Weinverkostern. Die Weine wirken fast punktiert – man riecht und schmeckt alles extrem, Aromen, Säure, Süße, Tannine und mehr. Gerade zum Testen eines Weines sind diese Gläser sehr gut geeignet. Zum Genießen können sie aber auch anstrengend sein.

Zusammenfassend: ein gutes Weiß- und Rotweinglas gehört aus meiner Sicht unbedingt in jeden Haushalt. Wer Spaß daran hat, seine Kollektion zu erweitern – das kommt manchen Weinen natürlich nochmal zugute – bekommt hier einen Überblick über die empfehlenswerten und wichtigsten Gläserformen.

Champagner/Sekt

Ideal ist eine schlanke Tulpenform. Gute Gläser haben einen sogenannten Moussierpunkt, das heißt, das Glas ist im Boden angeritzt, und so steigen immer wieder Bläschen nach oben.

Rotweinkelch

Als Universalglas verwendbar. Ein großes Glas, nach oben etwas enger werdend. Die Form sorgt dafür, dass sich der Wein gut entfalten kann, dass aber auch der Duft sehr gebündelt in die Nase kommt. Für Rotweine geeignet, mit und ohne Barriqueausbau.

Weißweinkelch

Perfekt für alle schlankeren Weißweine. Ein tulpenförmiges Glas, das sich nach oben verjüngt. Ein unverzichtbares Universalglas.

Rieslingglas

Es hat den sogenannten Säurespoiler – eine Lippe am oberen Glasrand, die nach außen geht. So kommt die Säure im Wein besser zur Geltung, weil der Wein zuerst auf dem Zungenrand auftrifft.

Burgunderglas

Bauchig oder kugelförmig. Es ist ideal für alle Burgunderrebsorten, weiß wie rot. Die Weine bekommen viel Luft und können sich gut entfalten.

Tipp

Gläser avinieren – weingrüne Gläser

Wenn Sie bei der nächsten Weinprobe von „avinieren“ sprechen, haben Sie die Aufmerksamkeit ganz auf Ihrer Seite. Das Wort bedeutet, dass bei der Weinprobe nur ein Glas benützt wird und nicht ständig wieder frische Gläser in Einsatz kommen.

Die Glashersteller tun heute alles, damit das Glas möglichst viele Aromen des Weines widerspiegelt. Sie setzen sich mit der Porosität von Glas auseinander und tüfteln an den Formen, damit der Duft in der Nase gebündelt wird und jeder Wein optimal zur Geltung kommt.

Ganz oft riecht das Glas aber auch noch nach Spülmittel, Schrank, Karton, Geschirrhandtuch usw. Das beste Weinerlebnis haben Sie, wenn es „weingrün“ ist – also schon ein Schlückle Wein im Glas war. Es macht auch nichts aus, wenn man von einer Sorte zur anderen wechselt. Für den Rotwein würde man dann allerdings zu einem größeren Glas greifen. Nicht so gerne sehen es die Fachleute, wenn Sie Ihr Glas mit Wasser ausschwenken. Manche Wässer sind so hoch mineralisiert, dass es dem Wein nicht wirklich zuträglich sein würde.

Das Römerglas: ehemals Kult

Kennen Sie noch das Römerglas?

Ja genau, oben kugelförmig, unten einen dicken trapezförmigen, grünen und geriffelten Stiel, das ist das Römerglas. Für den Weingenuss waren die Gläser etwas plump; sie wurden zudem bis zum Rand gefüllt, von Weinschwenken kann da keine Rede mehr sein.

Woher kommt aber der Name? Angeblich hat die Bezeichnung nichts mit den Trinkgefäßen der alten Römer zu tun. Diese haben wohl aus henkellosen Bechern oder auch aus Schalen getrunken. Die typische Form der Römergläser soll schon seit 500 Jahren bekannt sein. Der Name hat angeblich damit zu tun, dass sie in Wald-Glashütten, wo bis ins 19. Jahrhundert hinein ausreichend Brennholz vorhanden war, aus Bruchstücken von Glasfunden geschmolzen wurden, die vermutlich aus der Römerzeit stammten.

Ver**schlüsse**

Ein „Ja" für Drehverschlüsse!

Ich oute mich gleich – Drehverschlüsse sind für mich das Beste, was es gibt! Ich gebe zu, dass bis vor wenigen Jahren eine Flasche Wein ohne Korken für mich kein echter Wein war. Bis das einschneidende Erlebnis kam: Bei einer Verkostung gab es Weißweine aus fünf verschiedenen Jahrgängen, die mit Korken verschlossen waren, und die gleichen fünf Weine jeweils mit Drehverschluss. Bei dieser Degustation fiel mir auf, dass alle fünf Weine mit den Alternativverschlüssen viel klarer, fruchtiger und sauberer im Bukett waren. Da wurde mir erst klar, wie viele schleichende Gerüche der Korken verursachen kann.

Selbstverständlich sagen viele, dass sie genau das möchten – die unterschiedlichen Flaschenentwicklungen. Ich hingegen bevorzuge Wein pur. Nichts ist doch schlimmer, als wenn man den ganzen Abend bei jedem Schluck Wein überlegt: „Hat der was – oder soll der so sein?" Fachleute haben die grobe Statistik aufgestellt, dass von zwanzig Weinen mit Korkverschluss zwölf Flaschen irgendwie anders schmecken.

Das Hauptproblem sehe ich allerdings im Image des Drehverschlusses. Leider assoziieren ihn viele immer noch mit „billig". Um die Akzeptanz zu fördern, ist es deshalb so wichtig, dass Weingüter alle Qualitäten – auch die teuersten – konsequent mit Drehverschluss ausstatten. Das hat schließ-

Glasstopfen, Korken oder Drehverschluss –
welcher ist der perfekte für die Qualität des Weins?

Glasstopfen – ästhetisch auf alle Fälle schön

lich Vorteile. Eine Zinnfolie im Deckel verhindert, dass der Wein mit unerwünschten Stoffen in Kontakt kommt. Und da die Schweizer den Drehverschluss schon seit 40 Jahren einsetzen, können wir auch etwas über die Entwicklung der Weine sagen: Die Reifung geht perfekt vonstatten, und die Weine benötigen außerdem noch weniger Schwefel.

Apropos Kork …

Tipp

Das Material ist übrigens erstaunlich vielseitig: Mittlerweile gibt es eigene Korkgeschäfte. Ob Handtaschen, Hüte, Schuhe, Bodenbeläge, Schmuck oder Notizbücher – das Naturmaterial eignet sich für fast alles.

Tipp

Hauptsache dicht

Flaschenverschlüsse – ein Thema mit Variationen

Unverwüstlich: **Stainless Cap**

Sie sind vergleichbar mit Kronkorken aus rostfreiem Edelstahl – die sogenannten Stainless Caps – entwickelt von Peter Querbach, Inhaber des gleichnamigen Weinguts. Die Reifung des Weins verläuft ähnlich wie bei Einsatz von Drehverschlüssen. Wenn der Kronkorken mit der Kapsel überzogen ist, kann man von außen die Verschlussart nicht erkennen.

Auf jeden Fall schön: **Glasstopfen**

Ästhetisch haben die Glasstopfen natürlich die Nase vorn. Die Flaschen kann man mühelos und ohne Hilfsmittel öffnen, als Dichtung dient ein Kunststoffring, und der Verschluss lässt sich problemlos wieder auf die Flasche setzen. Mit der Empfehlung bin ich trotzdem noch etwas vorsichtig, denn es gibt die Glaskorken erst seit wenigen Jahren, die Erfahrungen damit sind entsprechend gering. Bei vielen Weingütern sind sie wieder rückläufig, die erste Generation wurde schon ausgetauscht. Ob sich das nun als Stein der Weisen herausstellt, werden wir wohl abwarten müssen.

Nah am Original: **Kunststoff**

Große Akzeptanz genießt der Kunststoffkorken. Dazu muss man allerdings anmerken, dass die neue Generation eine bessere Dichtigkeit aufweist und jetzt auch keine Weichmacher mehr darin enthalten sind. Das heißt dennoch, dass sie vorzugsweise im ersten Jahr getrunken werden sollten. Im Discount werden sie sehr geschätzt – es gibt keine Reklamationen zu korkigen Weinen, und er sieht fast wie ein echter Korken aus. Witzig und peppig kommen außerdem die bunten Kunststoffkorken in Pink, Orange oder Silber daher.

Wenn die Weine relativ jung getrunken werden, kann man sie sehr gut einsetzen. Zu meinen Favoriten gehören sie trotzdem nicht.

Der Klassiker: **Kork**

Jeder kennt ihn. Aber was ist das eigentlich – Kork? Kork besteht aus der Rinde der Korkeiche, die – das ist einzigartig – geschält werden kann. Allerdings müssen zwischen zwei Ernten mindestens neun Jahre liegen. Die Rinde wird also abgenommen, und die Korken werden daraus ausgestanzt. Diese müssen natürlich anschließend behandelt werden, bevor sie in den Verkauf gelangen.

Gefürchtet beim Korkverschluss ist der sogenannte „Korkschmecker", der den Wein verunreinigt. Wie macht sich das bemerkbar? Denken Sie an ein Walnussbrot, in dem alte Nüsse sind. Etwa so riecht ein korkiger Wein – ein bisschen wie alte Nüsse. Oder man hat einfach den Eindruck, dass der Wein nicht klar ist, etwas dumpf oder muffig riecht und schmeckt. Der Übeltäter ist eine chemische Verbindung, das TCA, Trichloranisol. Man findet sie häufig in Holz, Wein und Wasser, im Boden, an Obst und Gemüse. Sie hat zwar keine gesundheitsschädigende Wirkung, aber der Geschmack ist verdorben. Wenn Sie etwas unsicher sind, ob Ihr Wein Kork hat oder nicht – verdünnen Sie einen Schuss mit Wasser. Ein Korkschmecker bleibt auch bestehen, wenn der Wein verdünnt wird.

Wein**etiketten**

Das Auge entscheidet mit

Sprechende Etiketten? Im Falle, dass Sie solche noch nicht gesehen haben: Es gibt sie! Mit einer Smartphone-App geht es los. Sie halten das Display an das Etikett, und das Label beginnt zu leben wie ein Film!

Das größte Problem beim Wein ist, dass man nie per Ferndiagnose feststellen kann, ob er wirklich gut schmeckt. Jeder Jahrgang präsentiert sich wieder ganz anders. Wenn wir den Wein nicht verkosten konnten, müssen wir sehen, ob uns das Etikett anspricht.

Viele Winzer – na klar, vor allem die Jüngeren – sind mit ihren Etiketten sehr kreativ. Da heißt beispielsweise der Cabernet blanc beim Weingut Bihlmayer „Jungle Drum" – und er besitzt ein superschönes Label. Weingut Bruker hat neben seiner Trilogie „Gretchen", „Faust", „Mephisto" auch Weine wie „Dickes Ding" oder „Black Betty". Winzerin Bettina Schumann am Kaiserstuhl erkennt man daran, dass sie immer rote Schuhe trägt. Entsprechend dürfen diese auf ihrem Etikett nicht fehlen. Das i-Tüpfelchen aber ist, dass die Weine Namen wie „Famose Schose", „Bis in die Puppen" oder „Dit is de Clou von't Janze" tragen. Raten Sie woher die „badische" Winzerin stammt? Na klar, aus Berlin. Ein regelrechter Hochzeitswein kommt vom Bruchsaler Weingut Klumpp. Mit seiner Frau und Spitzenwinzerin von der Ahr, Meike Näkel, hat er eine Weinserie „Hand in Hand" kreiert.

Die Weine sind nicht nur tolle Hingucker, sie eignen sich auch hervorragend als besonderes Geschenk!

Weinetiketten sind heute kreativer denn je!

Flying Winemaker

Bei uns würde man vom „fliegenden Weinmacher" sprechen, wobei „Weinmacher" auch negativ gesehen werden könnte. Schließlich entsteht ein guter Wein in den Reben, und der Kellermeister soll den kostbaren Rebensaft so schonend wie möglich betreuen. Umgekehrt wissen wir aber auch, dass große Weinqualitäten von hervorragenden Önologen (studierten Kellermeistern) ausgebaut wurden. So holen sich manche Weingüter und Genossenschaften Unterstützung durch einen renommierten Önologen. Diese reisenden Experten werden international als „Flying Winemaker" bezeichnet.

Übrigens sitzt einer der besten Önologen im Ländle, es ist Horst Klingler mit seinem Weinlabor in Waiblingen. Er kann zum Beispiel nachvollziehen, ob alle Werte im Wein optimal balanciert sind, und er hat einen absolut treffsicheren Geschmack.

Überprüfung des Reifegrads der Trauben